FOLLOW ME THROUGH BHL

Reading Exercise Book

突破IB中文B高级课程难关

阅读理解练习册

（新大纲版）

冯薇薇（Vivienne Fung）编著

SinolinguA
华语教学出版社

First Edition 2018
Second Printing 2021

ISBN 978-7-5138-1543-7

Published by Sinolingua Co., Ltd
24 Baiwanzhuang Road, Beijing 100037, China
Tel: (86) 10-68320585 68997826
Fax: (86) 10-68997826 68326333
http://www.sinolingua.com.cn
E-mail: hyjx@sinolingua.com.cn
Facebook: www.facebook.com/sinolingua
Printed by Beijing Hucais Culture Communication Co. Ltd.

Printed in the People's Republic of China

前　言

本练习册旨在帮助学生学习《突破 IB 中文 B 高级课程难关》（新大纲版）一书例文[1]中的新词语，通过练习更好地掌握新的词语，包括这些词语的意思和用法。除了词语练习，本练习册还设计了一些句子练习，特别是谓语动词和宾语搭配的句子练习，以及复杂句中连接词的使用等练习，目的是提高学生对中文句式熟练运用的程度。阅读理解不能少的是对整篇短文的理解，所以，本练习册也包括了判断对错和回答问题的练习。

"突破 IB 中文 B"系列图书的编写紧贴新颁布的考试大纲，高级课程练习册与普通课程练习册的内容有一部分相同，但难度方面有一定区别。高级课程练习册中增加了针对四字词语及成语用法的练习题。老师可以根据考试大纲中列举出来的考试题型设计更加详尽和多样化的练习题，使学生通过各种不同的练习，更加熟练地掌握中文的词汇和句子结构，更加透彻地理解短文的内容。

① 为方便使用，本练习册对《突破 IB 中文 B 高级课程难关》（新大纲版）中的例文按"主题序号＋具体文章出现顺序"的方式进行了排序。例如：主题一（身份认同）的第一篇例文（《中西方节日的互相影响》）在本练习册中的序号即为 1.1。

目　录

阅读文本和考题类型

文本的文体	问题类型
采访报道	选出正确词语（多项选择）
访谈	字词填空
议论文	词语配对（同义词、反义词、成语）
博客	人称代词理解
影评	句子配对（完成句子）
网络文章	选出正确句子（多项选择）
专栏文章	句子排序
新闻报道	段意
说明文	判断对错（要写明理由）
记叙文	问答题

IBDP 中文 B 的阅读理解题型主要分为三个部分：

（一）词语部分

主要考查学生对词语的掌握。考试题型包括：

1. 词语和解释配对

2. 词语和近义词搭配

3. 多项选择（选出正确词语）

4. 连接词填空

5. 人称代词的指代

（二）句子结构

主要考查学生对句子结构的掌握。考试题型包括：

1. 句子前半句和后半句的搭配
2. 谓语动词和宾语的搭配
3. 句子顺序
4. 多项选择（选出正确句子）

（三）整体意思

主要考查学生对短文的理解。考试题型包括：

1. 回答问题
2. 判断对错
3. 段意
4. 多项选择（选出意思正确的句子）

主题一　身份认同

一、中西方节日的互相影响

（一）根据例文 1.1，回答下面的问题。

1. 在第一段提到了哪几个节日？（3 分）

（1）

（2）

（3）

2. 香港是一个什么样的城市？（1 分）

3. 作者在什么样的学校上学？（1 分）

4. 为什么学校要庆祝印度的新年？（1 分）

5. 划龙舟是哪个节日的活动？（1 分）

（二）根据例文 1.1，从右栏中找出最适合左边句子的结尾。

1. 人们的交流	A. 圣诞树
2. 家里会摆	B. 圣诞贺卡

3. 家人会送　　　　C. 越来越方便

4. 给朋友写　　　　D. 红包

5. 龙舟比赛场地　　　　E. 紧张

6. 比赛过程　　　　F. 热闹

（三）从例文 1.1 中找出与下面各题意思最接近的词语。

1. 每天都有新的东西　（　　）

2. 不一般　（　　）

3. 知道更多事情　（　　）

4. 敬重　（　　）

二、中文夏令营

（一）根据例文 1.2 的内容，从 A、B、C、D 中选出正确的答案。（5 分）

1. 这次夏令营的名字是什么？（　　）

A. 历史令营　　B. 文化夏令营

C. 中文夏令营　　D. 运动夏令营

2. 夏令营每星期有几天上中文课？（　　）

A. 四天　　B. 五天

C. 六天　　D. 七天

3. 夏令营会举办什么比赛？（　　）

A. 中文　　B. 历史

C. 摄影　　D. 听力

4. 夏令营安排学生哪天去参观当地的中学？（　　）

A. 星期二　　B. 星期三

C. 星期四　　D. 星期五

5. 夏令营安排学生住在哪里？（　　）

A. 当地人家里　　B. 当地中学的宿舍

C. 当地酒店　　D. 北京

（二）根据例文 1.2 的内容，回答下面的问题。

1. 这次中文夏令营在哪儿举办？（1 分）

2. 这个夏令营的目的是什么？（3 分）

（1）

（2）

（3）

3. 这个夏令营安排学生乘坐哪家航空公司的飞机？（1 分）

（三）从例文 1.2 里找出与下面各题意思最接近的词语。（5 分）

1. 安排活动　（　　）

2. 时间的长短　（　　）

3. 自己去亲身感受　（　　）

4. 学校给学生提供的住房　（　　）

5. 全部都有　（　　）

三、上大学自我推荐信

（一）根据例文 1.3，判断下面的叙述是对还是错，并说明理由。（5 分）

1. 李大卫中学毕业后希望读中文专业。（对 / 错）

（理由）

2. 李大卫现在除了学中文，还学音乐。（对 / 错）

（理由）

3. 李大卫觉得中文很难，所以中文成绩不太好。（对 / 错）

（理由）

4. 现在全世界有 20% 的人说中文。（对 / 错）

（理由）

5. 李大卫除了会中国功夫，还会跳中国舞。（对 / 错）

（理由）

（二）从 A、B、C、D 中选出正确的答案（2 分）

1. 这封推荐信的主题是什么？（ ）

A. 说学中文的重要性　　B. 介绍北京大学的历史

C. 介绍 IB 课程　　D. 申请去大学学中文

2. 李大卫曾经在什么比赛中得到第二名？（ ）

A. 舞狮比赛　　B. 中国功夫比赛

C. 用汉语讲故事比赛　　D. 画中国画比赛

（三）根据例文 1.3，找出与下面段落相应的分段大意。（3 分）

1. 第二段	A. 中文为什么重要
2. 第三段	B. 选择北京大学的原因
3. 第四段	C. 中文成绩怎么样

四、学汉语的困难

（一）从例文 1.4 的第二段中找出与 1、2、3、4、5 最接近的词语。（5 分）

1. 进步 （ ）

2. 喜欢 （ ）

3. 一天比一天多 （ ）

4. 到一个地方看看 （ ）

5. 展览馆里摆放的东西 （ ）

（二）根据例文 1.4 的第三、四段，选出四个正确的叙述，把答案写在括号里。（4 分）

1. 要学好汉语，我们应该：（ ）、（ ）、（ ）、（ ）。

A. 多做听写

B. 多练习写汉字

C. 多看电影

D. 不会写的字就查字典

E. 多去旅游

F. 多看中文电视节目

G. 每天用中文写日记

H. 多和中国人用中文聊天

（三）根据例文 1.4 的内容，回答下列问题。（6 分）

1. 这封信是谁写给谁的？

2. 写信的人为什么要学汉语？

（1）

（2）

（3）

3. 在中文听、说、读、写四项中，写信的人认为哪一项最难？

4. 写信的人以后想做什么工作？

五、如何预防疾病、保持健康

（一）根据例文 1.5，判断下列叙述是对还是错，并用例文内容说明理由。（5 分）

1. 没生病的人戴口罩是怕别人把病毒传染给自己。（对 / 错）
（理由）

2. 医院里非常干净。（对 / 错）
（理由）

3. 学生回到家后的第一件事是把手洗干净。（对 / 错）
（理由）

4. 学生如果生病了就不要去上学了。（对 / 错）
（理由）

5. 为了不影响学习，学生生病了应该坚持上学。（对 / 错）
（理由）

（二）根据例文 1.5，把左边的词语和右边的解释连起来。（5 分）

1. 如何　　　　　　A. 清理

2. 各种各样　　　　B. 没发生之前就想办法避免

3. 预防　　　　　　C. 怎么样

4. 打扫　　　　　　D. 一定、必须

5. 千万　　　　　　E. 不同种类

（三）根据例文 1.5 的内容，回答下面的问题。（5 分）

1. 流感的症状有哪些？

（1）

（2）

（3）

2. 洗手的目的是什么？

（1）

（2）

六、中医比西医好

（一）根据例文 1.6 的第一、二段，回答下列问题。（5 分）

1. 从哪里可以看出这是一篇辩论稿？

2.“治标不治本”的意思是什么？

3. 中医中药对哪一种病比较好？

4.“苦口良药”的意思是什么？

5. 中医中药和西医西药，哪一个更便宜？

（二）根据例文 1.6 的第三段，把下面的句子按顺序排列起来。（8 分）

1. 有一次，我得了感冒

A. 学校老师给我妈妈打了电话 （ ）

B. 我吃了很多西药 （ ）

C. 医生给我扎了针灸 （ ）

D. 我感到头疼、嗓子疼 （ ）

E. 妈妈带我去看西医 （ ）

F. 妈妈带我去看中医 （ ）

G. 我还是咳嗽 （ ）

H. 我的病终于好了 （ ）

（三）从例文 1.6 最后结尾部分，找出符合下面各题的词语。（2 分）

1. 按照 （ ）

2. 非常肯定 （ ）

七、关于如何保持身体健康的建议书

（一）根据例文 1.7 的内容，从下面的八句话中选出四个正确的句子。（4 分）

A. 压力大的时候容易生病。

B. 我们应该少坐车多走路。

C. 我们应该每天用一到两个小时听音乐。

D. 考试之前，同学们有很多科目要复习，所以有很大压力。

E. 和朋友聊天可以让我们觉得更快乐。

F. 很多同学因为要玩电脑游戏，所以不想吃饭，不想睡觉。

G. 我们不管做什么都不能忘记压力和烦恼。

H. 科学研究证明，踢足球是最好的运动。

请把答案写在这里：

1.

2.

3.

4.

（二）根据例文 1.7 的内容，从下面各句中选出正确的答案。（4 分）

1. 如果家住得不远，同学们每天早上应该（　　）。

A. 跑步上学　　B. 走路上学

C. 坐车上学　　D. 骑车上学

2. 多吃青菜可以（　　）。

A. 更有力气　　B. 心情更好

C. 忘记烦恼　　D. 保持健康

3. 如果有压力，最好的方法是（　　）。

A. 睡觉　　B. 吃饭

C. 听音乐　　D. 看电脑

4. 每天睡多久对身体最好？（　　）

A. 5–6 个小时　　B. 7–8 个小时

C. 9–10 个小时　　D. 11–12 个小时

（三）根据例文 1.7 的内容，从右边的短语中找出最能表达左边词汇意思的解释。（7 分）

1. 保持　　A. 很用功
2. 季节　　B. 让别人考虑使用
3. 努力　　C. 提出自己的想法
4. 建议　　D. 一直是这样，不要变差
5. 参考　　E. 很多
6. 尽量　　F. 一段时间
7. 大量　　G. 有可能就多做

八、新年新健康计划

（一）根据例文 1.8，列举出作者在新的一年里的新健康计划。（5 分）

1.

2.

3.

4.

5.

（二）根据例文 1.8 的内容，回答下列问题。（8 分）

1. 为什么作者说这一年特别重要？

2. 每天做适量的运动有什么好处？请写出其中三个。

（1）

（2）

（3）

3. 文中哪个词语的意思是“大家都这么说”？

4. 不吃早餐对身体会有什么负面影响？

（1）

（2）

5. 作者为什么要把计划贴在墙上？

（三）根据例文 1.8 的内容，回答下面的问题。（2 分）

1. 根据第三段，谁觉得做一个小时的运动会浪费时间？

2. 根据第五段，谁因为考试压力大，每天凌晨 3、4 点才睡觉？

（四）根据例文 1.8 的内容，找出符合下面解释的词语。（3 分）

1.（第一段）非常、特别 （　　）

2.（第三段）不多不少 （　　）

3.（第三段）花时间少但收获大 （　　）

九、厌食症对身体健康的影响

（一）根据例文 1.9 的内容，从下面选出最合适的答案。（3 分）

1. 这篇例文是（　　）。

A. 两个人的聊天对话　　B. 一个人对另一个人的专题采访

C. 短信内容　　D. 新闻报道

2. 张先生的专长是什么？（　　）

A. 研究厌食症的专家　　B. 饮食营养师

C. 医院的医生　　　　　　　　D. 心理医生

3. 下面哪一项不属于厌食症？（　　）

A. 把吃进去的食物想办法吐出来

B. 看见食物就恶心

C. 减肥

D. 体重过轻

（二）根据例文 1.9 的内容，判断下面的说法是对还是错，并说明理由。（5 分）

1. 经常不吃饭会导致厌食症。（对 / 错）

（理由）

2. 身体过瘦对青少年的发育不太好。（对 / 错）

（理由）

3. 厌食症只是身体上的一种疾病。（对 / 错）

（理由）

4. 现在社会上的减肥风只在青少年中流行。（对 / 错）

（理由）

5. 只有身材苗条才能被人接受。（对 / 错）

（理由）

（三）根据例文 1.9 的内容，从右边找出最合适的结尾来完成左边的开头短句。（5 分）

1. 厌食症　　　　　　　　　　A. 身体的能量就不够。

2. 有些人因为肥胖　　B. 在心理上出现了问题。

3. 如果太瘦　　C. 导致身体出现健康问题。

4. 厌食症患者　　D. 是不好的行为。

5. 歧视和取笑身材肥胖的同学　　E. 对青少年的发育有负面影响。

（四）根据例文 1.9 最后两段的内容，回答下面的问题。（2 分）

1. 为什么说对青少年来说健康的身体是最重要的？

2. 青少年应该用什么态度迎接挑战？

（五）根据例文 1.9 的内容，找出与下面的解释最接近的词语。（5 分）

1. 时间长了　　（　　）

2. 生病的样子　　（　　）

3. 不能够　　（　　）

4. 引起不好的后果　　（　　）

5. 想呕吐　　（　　）

十、信仰与风俗

（一）根据例文 1.10 的内容，把左边的段落和右边的段落大意搭配起来。（5 分）

1. 第一段　　A. 概括了道教的教义

2. 第三段　　B. 不同宗教的共同点

3. 第四段　　C. 介绍专题报告的主题

4. 第五段　　D. 介绍了基督教在中国的情况

5. 第六段　　E. 介绍了佛教的教义

（二）根据例文 1.10 的内容，回答下面的问题。（5 分）

1. 中国人主要信仰哪些宗教？

（1）

（2）

2. 在中国，哪种宗教是本土出现的宗教？

3. “平时不烧香，临时抱佛脚”是什么意思？

4. 佛教和道教在教义上的共同点是什么？

（三）根据例文 1.10 的内容，把下面左边的词语和右边的解释搭配起来。（5 分）

1. 前言	A. 信佛教的人去烧香的地方
2. 寺庙	B. 信基督教的人去做礼拜的地方
3. 因果报应	C. 在文章最前面的说明
4. 教祖	D. 永远不会死
5. 长生不死	E. 做好事就会有好结果
6. 教堂	F. 创立宗教的人

主题二　个人经历

一、中国春节

（一）根据例文 2.1 第一段和第二段的内容，判断下面的句子是否正确，并写出理由。（5 分）

1. 春节已经到了，很多朋友来中国感受春节的气氛。（对 / 错）
（理由）

2. 中国人最重视春节。（对 / 错）
（理由）

3. 春节虽然都是农历一月一日，但在日历上每年并不是同一天。（对 / 错）
（理由）

4. 春节和元宵节是连在一起的。（对 / 错）
（理由）

5. 我们说的中国新年其实就是春节。（对 / 错）
（理由）

（二）根据例文 2.1 第三段和第四段的内容，回答下面的问题。（10 分）

1. 春节的时候，中国人见面怎么打招呼？

（1）

（2）

（3）

2. 中国人在春节的时候，最喜欢穿什么颜色的衣服？

（1）

（2）

3. 年夜饭是指哪一天的晚饭？

4. 对中国人来说，为什么年夜饭特别重要？

5. 为什么在年夜饭上一定要有鱼？

6. 过年吃饺子代表什么？

7. 为什么小孩子都喜欢过春节？

（三）根据例文 2.1 的内容，找出跟下面各项解释最接近的词语。（5 分）

1.（第一段）盼望 （ ）

2.（第二段）中国传统日历 （ ）

3.（第三段）祝贺、祝愿 （ ）

4.（第四段）不管 （ ）

5.（第四段）民间流传的习惯 （ ）

二、生日送礼物

（一）根据例文 2.2 的内容，从下面的选项中选择最适当的答案。（3 分）

1. 小月的生日是（　　）。

   A. 上个星期　　B. 这个星期

   C. 下个星期　　D. 今天

2. 我们在生日会上没有吃到（　　）。

   A. 面条　　B. 鱼

   C. 羊肉　　D. 猪肉

3. 小月拿到礼物后（　　）。

   A. 马上打开看　　B. 没有打开看

   C. 说完谢谢才把礼物打开　　D. 打开礼物后说非常喜欢

（二）根据例文 2.2 的内容，回答下面的问题。（3 分）

1. 在接受礼物这方面，中西文化有什么差异？

（1）

（2）

2. 什么叫"礼轻情意重"？

（三）根据例文 2.2 的内容，从右边找出最合适的结尾来完成左边的短句。（9 分）

1. 我的朋友小月请我去他家	A. 一定会马上打开看
2. 我们在小月家吃了	B. 礼轻情意重
3. 我用中文唱了	C. 生日快乐
4. 朋友用中文说了	D. 参加生日派对

5. 我非常希望　　E. 小月喜欢我的礼物

6. 如果我收到礼物　　F. 生日歌

7. 中国人认为　　G. 还要多了解中国文化

8. 中西文化差异　　H. 饺子、面条和蛋糕

9. 我一定要学好中文　　I. 特别有意思

三、中西方饮食文化的差异

（一）根据例文 2.3 的内容，从下面的句子中选出四个正确的叙述。（4 分）

A. 这是一封电邮。

B. 中西方的饮食文化有很大的差异。

C. 中国人不会用刀叉，只会用筷子。

D. 中国人吃饭喜欢选择圆桌，因为圆桌代表团圆。

E. 西方人比中国人更喜欢去公园野餐。

F. 中国茶和奶茶是一样的。

G. 中国人喜欢热闹，所以吃饭时也有说有笑。

H. 在西餐厅吃饭不能说话。

请把答案写在这里：

1.

2.

3.

4.

（二）根据例文 2.3 的内容，把左边的词语和右边的解释搭配起来。（6 分）

1. 差异　　　　A. 共同享用
2. 了解　　　　B. 在郊外的室外空地上吃饭
3. 团圆　　　　C. 不同
4. 分享　　　　D. 不说也不笑
5. 野餐　　　　E. 知道内情
6. 严肃　　　　F. 在一起

（三）根据例文 2.3 的内容，回答下面的问题。（5 分）

1. 在中国餐厅，菜一般放在哪儿？

2. 在西餐厅，菜一般放在哪儿？

3. 如果不在家里吃，中国人一般约朋友会去哪儿吃饭？

4. 博主最喜欢吃什么中国菜？请举出两个例子。

（1）

（2）

四、中国年轻人的流行服饰

（一）从例文 2.4 的第一段和第二段中找出下面词语的近义词。（5 分）

1. 时髦　（　　）
2. 街头巷尾　（　　）
3. 肥大　（　　）
4. 风味　（　　）

5. 不管什么地方 (　　)

（二）根据例文 2.4，给以下各题选出正确的答案。（5 分）

1. 中国现在经济发展了，所以人们越来越（　　）。

A. 讲究饮食　　B. 讲究衣着

C. 讲究旅游　　D. 讲究健康

2. 近几年，在中国刮起了（　　）。

A. 台风　　B. 狂风暴雨

C. 日韩时装风　　D. 风暴

3. 在中国，什么样的商店可以卖出很多韩式服装？（　　）

A. 百货商店　　B. 较大的商店

C. 不太大的商店　　D. 网上的商店

4. 在中国，什么样的商品不太好卖？（　　）

A. 中国民族服饰　　B. 日本的流行服装

C. 韩国流行的项链　　D. 美国流行的低腰牛仔短裤

5. 中国的年轻人对最新流行的反应（　　）。

A. 很快　　B. 不太快

C. 很慢　　D. 不太慢

（三）根据例文 2.4，回答下面的问题。（5 分）

1. 中国人从什么地方了解日本和韩国流行服饰？请举出两个例子。

（1）

（2）

2. 有什么方法可以让中国传统文化得到推广？

（1）

(2)

3. 为了不让中国文化失传，中国政府可以做什么？

五、我的理想

（一）根据例文 2.5 的内容，选出一个合适的词语填空。（5 分）

词语：不但……而且……，越来越……，才，因为……所以……，使

1._______ 理想可以让我们发掘自己的兴趣并找到前进的方向，_______ 每个人都要有理想。

2. 我 _______ 在钢琴班学钢琴，_______ 还在家里和学校里练习弹钢琴。

3. 老师的话 _______ 我鼓起勇气参加了比赛。

4. 现在我 _______ 喜欢音乐了。

5. 有了这位这么好的钢琴老师，我 _______ 有今天的成功。

（二）从例文 2.5 中找出跟下面词语匹配的词语。（5 分）

1. 梦想 （　　）

2. 发现 （　　）

3. 制定 （　　）

4. 爱好 （　　）

5. 不同意 （　　）

（三）根据例文 2.5 的内容，从右边找出最合适的结尾来完成左边的短句。（5 分）

1. 理想可以帮助我们　　　　A. 好成绩

2. 每次弹钢琴我都觉得　　B. 找到前进的方向

3. 老师觉得我可以取得　　C. 每次表演的机会

4. 我现在特别珍惜　　D. 像做梦一样

5. 每个人都　　E. 必须要有理想

六、旅游的好处

（一）根据例文 2.6 的内容，回答下面的问题。（10 分）

1. 旅游有什么好处？

（1）

（2）

（3）

（4）

2. 人们去旅游一般都会做什么？请举出三个例子。

（1）

（2）

（3）

3. 在第四段中，哪个词语的意思是“感受”？

4. 在第四段中，哪个词语的意思是“奇怪的事情”？

5. 在第四段中，哪个词语的意思是“听到的和见到的”？

（二）根据例文 2.6 的内容，从右边找出最合适的结尾来完成左边的短句。（5 分）

1. 旅游虽然从体力上来说并不轻松	A. 所以在人们精神上得到彻底放松
2. 因为旅游使人们远离压力	B. 人们可以从不熟悉到熟悉
3. 每一次旅游都可以	C. 大家都应该去旅游
4. 旅游途中	D. 但是在其他方面却有很多好处
5. 如果有时间	E. 让人增广见闻

七、北京

（一）根据例文 2.7 的内容，判断下面句子的对错，并说明理由。（5 分）

1. 李小华是学校的校长。（对 / 错）

（理由）

2. 北京的秋天是最好的季节。（对 / 错）

（理由）

3. 长城有一万多里长。（对 / 错）

（理由）

4. 颐和园里有一个很大的湖，但没有山。（对 / 错）

（理由）

5. 去北京旅游，一定要去长城。（对 / 错）

（理由）

（二）根据例文 2.7 的内容，回答下列问题。（10 分）

1. 北京有什么好吃的食物？请列举出三个。

（1）

（2）

（3）

2. 为什么北京的交通比较拥堵？

3. 北京的出租车价钱怎么样？

4. 在北京坐出租车会遇到哪两个问题？

（1）

（2）

5. 如果想参加这次北京旅游，应该怎么样报名？

6. 报名的最后一天是几月几号？

（三）根据例文 2.7 的内容，找出与下面各项解释最接近的词语。（5 分）

1.（第四段）著名的景点 （ ）

2.（第四段）必须要去 （ ）

3.（第六段）总是带在身上 （ ）

4.（第七段）大商场 （ ）

5.（第八段）踊跃 （ ）

八、香港

（一）根据例文 2.8 的内容，把左边的词语和右边的解释搭配起来。（5 分）

1. 家乡	A. 气温特别高
2. 国际化	B. 有各种各样好吃的东西
3. 中国南大门	C. 在中国的最南边
4. 炎热	D. 出生长大的地方
5. 美食天堂	E. 有很多不同国家的人

（二）根据例文 2.8 的内容，给以下各题选择正确的答案。（5 分）

1. 下面哪一个不是描述香港的说法？（　　）

A. 商业中心　　B. 国际化城市

C. 金融中心　　D. 政治中心

2. 下面哪一项是不适合在香港做的运动？（　　）

A. 游泳　　B. 滑雪

C. 爬山　　D. 打球

3. 下面哪一项不是广东菜？（　　）

A. 春卷　　B. 虾饺

C. 烤鸭　　D. 中式点心

4. 下面哪一个景点不在香港？（　　）

A. 海洋公园　　B. 迪士尼公园

C. 太平山顶　　D. 颐和园

5. 香港的城市交通（　　）。

A. 非常方便　　B. 挺方便的

C. 不太方便　　D. 不方便

（三）根据例文 2.8 的内容，选择适当的词语填空。（5 分）

词语：特别是，都，也是，不仅……而且……，因为……所以……

1. 香港 ________ 是国际化的大都市，________ 也是亚洲的商业和金融中心。

2. 香港的中式点心非常好吃，________ 春卷、虾饺。

3. 香港是“美食天堂”，________“购物天堂”。

4. 在香港可以买到很多来自内地的商品，如鞋子、茶叶等，它们 ________ 非常物美价廉。

5. ________ 香港是一个旅游的好地方，________ 你一定要来亲身体验一下。

九、如何建立健康的休闲生活

（一）根据例文 2.9 第一段和第二段的内容，回答下列问题。（11 分）

1. 新科技对我们有什么正面的影响？

（1）

（2）

2. 新科技给我们带来了哪些负面影响？

（1）

（2）

3. 高中生有哪些压力？

（1）

（2）

（3）

4. 作者在这里提出了哪几个建议?

(1)

(2)

(3)

(4)

(二)根据例文 2.9 的内容，找出与左边的词语或短句最接近的词语。(4 分)

1. 又快又方便 (　　)

2. 好像 (　　)

3. 室外 (　　)

4. 令人感到不开心的事情 (　　)

5. 没有注意 (　　)

十、为什么要出国留学

(一)根据例文 2.10 第一段和第二段的内容，回答下面的问题。(5 分)

1. 接受采访的同学有几个? 他们是谁?

(1)

(2)

2. 接受采访的同学打算去哪儿上大学?

(1)

(2)

3. 为什么现在越来越多的人想出国留学?

（二）根据例文 2.10 第三段到第五段的内容，找出五个正确的句子。（5 分）

A. 出国留学必须要和父母一起去。

B. 出国留学会遇到各种人，所以一定要学会怎么和人相处。

C. 如果父母在身边，我们就不能很好地培养自己独立生活的能力。

D. 在国外留学比较容易学会一门新的语言。

E. 出国留学可以吃到各国的美食。

F. 出国留学可以看到更多外国电影。

G. 语言对人与人之间的交流非常重要。

H. 出国留学可以亲身感受其他国家的文化。

请把答案写在这里：

1.

2.

3.

4.

5.

（三）根据 2.10 的内容，把下列句子和说话的人对应起来。（5 分）

A. 出国留学可以丰富我们的生活经历。

B. 可以发现别的国家的文化和我们国家的文化的差异。

C. 在国外学习有利于掌握一门新的语言。

D. 在国外留学可以扩展视野，使自己更加独立。

E. 在国外学习可以学会如何与老师和同学相处。

1. 张同学 （　　）

2. 张同学 （　　）

3. 李同学 （　　）

4. 李同学 (　　)

5. 记者 (　　)

（四）根据例文 2.10 的内容，找出与下面的解释最接近的词语。（5 分）

1.（第一段）很多不同的消息 (　　)

2.（第二段）使……变得更开阔 (　　)

3.（第三段）技能 (　　)

4.（第四段）妨碍做事或沟通的东西 (　　)

5.（第五段）最好 (　　)

主题三　发明创造

一、误会

（一）根据例文 3.1 的内容，找出与下面的词语或短句意思最接近的词语。（5 分）

1. 着迷　（　　）
2. 限制太多　（　　）
3. 星期六和星期日　（　　）
4. 结果　（　　）
5. 每天都要用的东西　（　　）

（二）根据例文 3.1 的内容，回答下列问题。

1. 作者为什么和妈妈吵架了？（2 分）

2. 作者其实用电脑在做什么？（2 分）

3. 玩电脑游戏有什么负面影响？请举出两个例子。（2 分）

（1）

（2）

4. 在电脑上看书有什么好处？（2 分）

5. 第三段中哪个词组的意思是学到了更多的东西？（1 分）

6. 第三段中哪个词组的意思是看到了更多的东西？（1 分）

二、互联网弊大于利

（一）根据例文 3.2 第一段和第二段的内容，判断下面句子的对错，并说明理由。（5 分）

1. 互联网是 2000 年以后发明的。（对 / 错）

（理由）

2. 互联网是我们日常生活中不可缺少的东西。（对 / 错）

（理由）

3. 互联网的好处非常多，有一些坏处，但不很严重。（对 / 错）

（理由）

4. 每天在互联网上花太多时间会影响学生的学习成绩。（对 / 错）

（理由）

5. 很多人因为长时间上网聊天而跟家人吵架。（对 / 错）

（理由）

（二）根据例文 3.2 第三段和第四段的内容，回答下面的问题。

1. 长时间上网会对身体有什么不好的影响？请举出两个例子。（2 分）

2. 为什么有些长时间使用互联网的学生会逃课？（2 分）

3. 为什么互联网对青少年的身心健康不利？（1 分）

（三）根据例文 3.2 的内容，找出与下面的词语或短句最接近的词语。（5 分）

1. 坏处 （ ）

2. 买东西 （ ）

3. 不认识 （ ）

4. 不够 （ ）

5. 总的来说 （ ）

三、手机的利与弊

（一）根据例文 3.3 的内容，从下面的句子里找出五个正确的句子。（5 分）

A. 只有成年人有手机。

B. 手机给我们的生活带来了一些好处，但同时也带来了很多坏处。

C. 除了用手机打电话以外，还可以用手机上网、玩游戏、照相。

D. 买东西时，用手机可以很快把总价钱算出来。

E. 学生上课用手机可以帮助学习。

F. 手机的信息每五分钟就更新一次。

G. 一边走路一边看手机可能会导致交通意外。

H. 适当地使用手机，手机就可以成为我们的帮手。

请把答案写在这里：

1.

2.

3.

4.

5.

（二）根据例文 3.3 的内容，从下面的词语中选择合适的词语填空。（5 分）

词语：如果……就……，可是，一定，因此，越来越

1. 手机给我们带来了很多方便，_________，也造成了一些问题。

2. 现在的手机功能 _________ 多，比如，用手机可以上网、听音乐、玩游戏、发电邮、聊天、照相等。

3. _________ 父母想知道孩子在哪里，_________ 可以用手机找他们。

4. 有的同学上课玩手机，不专心听老师讲课，_________ 学习成绩下降了。

5. 中学生 _________ 要学会善用手机，让手机为我们服务。

（三）根据例文 3.3 的内容，选出正确的答案。（5 分）

1. 手机是我们生活中的（　　）。

A. 必需品　　B. 可以缺少的日用品

C. 可有可无的日用品　　D. 只有成年人才需要的日用品

2. 下面哪一个不是手机的功能？（　　）

A. 查字典　　B. 照相

C. 闹钟　　D. 发电报

3. “视力下降”的意思是（　　）。

A. 看不见　　B. 眼睛很累

C. 看东西越来越不清楚　　D. 往下看

4. “不专心听老师讲课”的意思是（　　）。

A. 老师讲课的时候不看老师　　B. 不注意听老师在讲什么

C. 对老师讲的课没兴趣　　D. 听不懂老师讲的课

5. “善用手机”的意思是（　　）。

A. 善于使用手机　　B. 手机很好用

C. 用手机做慈善　　D. 适当地使用手机

四、网上交朋友的利与弊

（一）根据例文 3.4 的内容，回答下列问题。

1. 和网上的朋友可以聊什么？（3 分）

2. 为什么作者的父母不愿意让他在网上交朋友？（2 分）

3. 网上的朋友都是从哪里来的？（1 分）

4. 网上的骗子会在哪些方面欺骗别人？（2 分）

5. 在网上应该怎么做才可以交到好朋友？（1 分）

6. 这封信是谁写给谁的？（1 分）

（二）根据例文 3.4 的内容，指出下面的人称代词指的是谁？（5 分）

1. 你的学校生活好吗？（　　）

2. 我觉得在网上可以交到很多朋友。（　　）

3. 我们经常在网上谈论不同国家的趣事。（　　）

4. 她现在是个学医的大学生。（　　）

5. 也不说他们的真实年龄。（　　）

五、学生是否应该在学校使用电脑

（一）根据例文 3.5 的内容，判断下面句子的对错，并写出理由。（5 分）

1. 学生在学校需要用电脑，因为老师会让学生在网上查资料。

（理由）

2. 老师觉得学生在学校用电脑利大于弊。

（理由）

3. 大多数学生都喜欢在课上玩电脑游戏。

（理由）

4. 学校老师应该教育学生如何正确使用互联网。

（理由）

5. 低年级的学生需要老师对他们的上网时间进行限制。

（理由）

（二）根据例文 3.5 的内容，从右边找出最合适的结尾来完成左边的短句。（5 分）

1. 在采访中，张明明同学谈了谈	A. 对学生进行教育
2. 在电脑上学习可以	B. 学生使用电脑的时间
3. 老师必须要	C. 好奇心强，自控能力差
4. 低年级的学生	D. 学校使用电脑的问题
5. 老师要限制	E. 提高学生的学习兴趣

（三）根据例文 3.5 的内容，找出与下面的词语和短句相对应的词语。（5 分）

1. 认为 （　　）
2. 越来越好 （　　）
3. 谈话 （　　）
4. 人与人之间的交往 （　　）
5. 什么都想知道 （　　）

六、参观科技馆

（一）根据例文 3.6 第一段的内容，回答下列问题。

1. 科技馆里有什么？（1 分）

2. 作者把自己比喻成什么？（1 分）

（二）根据例文 3.6 第二段和第三段的内容，回答下列问题。

1. 在科技馆里，谁和谁在打乒乓球？（1 分）

2. 科技馆里展出了哪几种飞机？（5 分）

3. 无人机有什么用途？请举出两个例子。（2 分）

（三）根据例文 3.6 的内容，找出与下面解释最接近的词语。（5 分）

1. 面前 （ ）
2. 高兴 （ ）
3. 道理 （ ）
4. 又瘦又小 （ ）
5. 飞机模型 （ ）

七、电视节目

（一）根据例文 3.7 的内容，从下面选出最合适的答案。（5 分）

1. 下面哪一个不是看电视的好处？（ ）

A. 增广见闻　　B. 做作业

C. 坐观天下　　D. 提高修养

2. 电视可以为人们提供（ ）。

A. 世界潮流　　B. 学习成绩

C. 娱乐休闲　　D. 放松心情

3. 下面哪一项不是看电视的坏处？（ ）

A. 带来轻松快乐的享受　　B. 吸收不正确的观念

C. 建立错误的价值观　　D. 视力下降了

4. 电视台应该多播放（ ）。

A. 电视连续剧　　B. 暴力刺激的电影

C. 有教育意义的短节目　　D. 游戏

5. 第三段中的“足不出户就可以观天下”是什么意思？（　　）

A. 不出门，坐在家里看天空　B. 在家里踢足球

C. 不站起来就能看到楼下　　D. 不出门就能知道世界上的事情

（二）根据例文 3.7 的内容，把段落意思和段落连起来。（5 分）

1. 第二段　　A. 看不好的电视节目容易让人学坏

2. 第三段　　B. 看电视对青少年的健康有害

3. 第五段　　C. 有些学生学习退步的原因

4. 第六段　　D. 给电视台提出建议

5. 第七段　　E. 看电视可以增广见闻

（三）根据例文 3.7 第一段到第三段的内容，找出与左边的解释对应的词语。（5 分）

1. 必须要有　（　　）

2. 续剧播出一集就看一集　（　　）

3. 所以　（　　）

4. 品行教养　（　　）

5. 不同方面　（　　）

八、玩电脑会影响学习吗

（一）根据例文 3.8 的内容，判断下面句子的对错，并说明理由。（5 分）

1. 学生会最近就“玩电脑会影响学习吗”这一问题采访了一个同学。（对 / 错）

（理由）

2. 如果对电脑沉迷，学习成绩就会退步。（对 / 错）
（理由）

3. 电脑玩得太多，可能会影响视力。（对 / 错）
（理由）

4. 在网上学习就是只玩游戏。（对 / 错）
（理由）

5.“玩电脑会影响学习吗？”这个问题不是只有一个答案。（对 / 错）
（理由）

（二）根据例文 3.8 的内容，回答下面的问题。
1. 为什么说电脑对我们的生活特别重要？（1 分）

2. 为什么小云的成绩退步了很多？（1 分）

3. 为什么小云的父母给他找了补习班，他的学习还是没有进步？（3 分）

4. 为什么王红也玩电脑，但她的学习就没有退步？（2 分）

5. 小云和小星在网上做什么？（2 分）

6. 最后一段的“一刀切”是什么意思？（1 分）

九、《网络安全与道德》读后感

（一）根据例文 3.9 的内容，请找出与左边的词语或解释对应的词语或短语。（5 分）

1. 三晚 （ ）
2. 居然 （ ）
3. 不想吃喝 （ ）
4. 严重沉迷网络的人 （ ）
5. 不真实 （ ）

（二）根据例文 3.9 的内容，找出五句正确的说法。（5 分）

A.《网络安全与道德》这本书没什么意思。

B.《网络安全与道德》这本书内容很丰富，所以书很厚。

C. 使用互联网一定要保护好自己。

D. 书里有一个例子是说一个网虫待在网吧里三天不回家。

E. 一个美国网虫因为身体残疾，所以要坐轮椅。

F. 网虫的意思是残疾人。

G. 在互联网上可以交朋友。

H. 网上的世界不是一个真实的世界。

I. 使用互联网一定要有一个时间表。

请把答案写在这里：

1.

2.

3.

4.

5.

（三）根据例文 3.9 的内容，回答下面的问题。

1. 第二段中的学生跳楼的结果是什么？（2 分）

2. 第三段中的美国少年得了什么病？（1 分）

3. 作者在第四段如何告诉我们怎样才可以成为一个健康聪明的人？（1 分）

4. 第五段中的“和这个虚拟的世界做形影不离的好朋友”是什么意思？（1 分）

十、电影《127 小时》观后感

（一）根据例文 3.10 的内容，回答下列问题。

1.《127 小时》是一部什么类型的电影？（1 分）

2. 这部电影为什么叫这样一个名字？（1 分）

3. 电影里男主角的个性是怎么样的？（2 分）

4. 电影的结局是好的还是不好的？为什么？（2 分）

5. 电影中男主角爬的山是怎么样的一座山？（1 分）

6. 男主角为什么要去爬那座山？（2 分）

7. 男主角凭着什么度过了127个小时？（1分）

（二）根据例文3.10的内容，把段落意思与段落序号搭配起来。（5分）

1. 第一段	A. 男主角喜欢挑战
2. 第二段	B. 希望大家向男主角学习
3. 第三段	C. 说明电影的名字
4. 第四段	D. 男主角遇到困难，逆境求生
5. 第五段	E. 概括故事的大意

（三）根据例文3.10的内容，找出与下面的解释最接近的词语。（5分）

1. 喜爱冒险的人 （ ）
2. 被别人发现并带到了安全的地方 （ ）
3. 对什么都有兴趣知道 （ ）
4. 总是想赢，想超越别人 （ ）
5. 觉得没有希望 （ ）

主题四　社会组织

一、望子成龙

（一）根据例文 4.1 第一段的内容，找出和下面词语或解释最接近的词语。（5 分）

1. 比赛　（　　）
2. 防止事情发生　（　　）
3. 不要了　（　　）
4. 写博客的人　（　　）
5. 希望子女有出息　（　　）

（二）根据例文 4.1 第二段和第三段的内容，回答下列问题。（5 分）

1.“为孩子的未来铺路”是什么意思？

2.“出发点是为孩子好”是什么意思？

3.“站在孩子的角度”是什么意思？

4.“适得其反”是什么意思？

5. “越补越糟”是什么意思？

（三）根据例文 4.1 第四段和第五段的内容，把左边的词语和右边的解释搭配起来。（5 分）

1. 因材施教	A. 什么都做不成
2. 事倍功半	B. 自己看不起自己
3. 一事无成	C. 根据学生的能力使用不同的教学方法。
4. 自卑	D. 觉得自己非常了不起
5. 骄傲自大	E. 比别人用的时间少，收获却比别人多

二、世界上最难寻觅而最易失去的是朋友

（一）根据例文 4.2 第一段到第三段的内容，从右边找出最合适的结尾来完成左边的短句。（5 分）

1. 我们都盼望	A. 得来不易的朋友
2. 每个人都应该珍惜	B. 每天见到朋友
3. 没有朋友的人	C. 要互相支持
4. 朋友	D. 很难成为朋友
5. 性格不合的人	E. 会很孤独

（二）根据例文 4.2 第四段到第六段的内容，回答下列问题。

1. 在什么情况下友情容易出现问题？（3 分）

2. 朋友之间长期没有联系会出现什么结果？（3 分）

3. 什么样的朋友不是真正的朋友？（2 分）

4. 为什么说“那些在你遇到困难最需要帮助时却不能站在你身边的朋友失去了不可惜”？（1 分）

5. 标题中的“寻觅”是什么意思？（1 分）

（三）根据例文 4.3 的内容，找出与下面解释最接近的词语。（5 分）

1. 找到 （ ）
2. 很难才能得到 （ ）
3. 说话没有共同话题 （ ）
4. 不计较、原谅别人 （ ）
5. 要真正认识一个人是需要时间的 （ ）

三、和妈妈吵架

（一）根据例文 4.3 第一段和第二段的内容，回答下列问题。

1.“我的心情就跟外面的天气一样‘多云’”是什么意思？（1 分）

2.“指望”是什么意思？（1 分）

3.“听妈妈说这话时我的心沉重极了。”为什么“沉重”？（1 分）

（二）根据例文 4.3 第三段和第四段的内容，判断下列句子的对错，并说明理由。（5 分）

1. 家长都希望自己的孩子能出人头地。（对 / 错）

（理由）

2. 有了压力，我们就不能进步。（对 / 错）
（理由）

3. 高中生正是学习的关键阶段。（对 / 错）
（理由）

4. 学生不应该因为压力大而不好好吃饭。（对 / 错）
（理由）

5. 我们一定要多吃蔬菜、水果和零食。（对 / 错）
（理由）

（三）根据例文 4.3 第四段和第五段的内容，回答下列问题。
1. 什么是健康的减压方法？（3 分）

2. 根据食物金字塔，我们最应该多吃什么类型的食物？（1 分）

3. 根据社工的话，哪些人会有压力？（1 分）

4. 学生应该怎样迎接考试的到来？（2 分）

四、如何安全地参加户外活动

（一）根据例文 4.4 的内容，判断下面句子的对错，并说明理由。（5 分）
1. 夏天参加室外的活动有出意外的可能性。（对 / 错）
（理由）

2. 吃饱饭后再参加户外活动会减少发生意外的机会。（对 / 错）

（理由）

3. 喝水多，所以出汗多。（对 / 错）

（理由）

4. 参加户外活动之前要先洗个热水澡。（对 / 错）

（理由）

5. 夏天到室外参加活动要穿白色的衬衫。（对 / 错）

（理由）

（二）根据例文 4.4 的内容，从右边找出最合适的结尾来完成左边的短句。（5 分）

1. 米饭和面包给我们提供	A. 可以防止中暑
2. 不喝水容易增加	B. 受伤的机会
3. 热身	C. 足够的体力
4. 夏天穿浅色的衣服以及戴帽子和墨镜	D. 容易发生意外
5. 做运动时戴耳环和项链	E. 是活动前一定要做的

（三）根据例文 4.4 的内容，用下面的词语填空。（5 分）

词语：因为……所以，如果……就，都，不仅……而且，也

1. ________ 同学们要参加户外活动，________ 一定要在活动前吃足够的食物。

2.________ 缺水，________ 同学们会觉得体虚、不舒服。

3. 热身 ________ 包括慢跑，________ 还包括散步等。

4. 篮球、足球、游泳 ________ 是同学们喜爱的夏季户外体育活动。

15. 做运动时戴首饰有可能划伤自己，_______ 会划伤别人。

五、学校毒品检测的优点和缺点

（一）根据例文 4.5 第一段和第二段的内容，把左边的词语和右边的解释连起来。（5 分）

1. 抽查检测	A. 判断哪个对哪个不对
2. 辨别是非	B. 忧虑、害怕
3. 专注力	C. 随意选取部分人进行检查
4. 阻吓作用	D. 集中精神
5. 担心	E. 令人感到害怕的效力

（二）根据例文 4.5 第三段到第五段的内容，回答下列问题。

1. 谁认为学校毒品检测不是一件好事？（1 分）

2. 有多少学生使用毒品是为了逃避学习压力？（1 分）

3. 学生使用毒品的目的是什么？（1 分）

4. 作者认为学校应该如何让学生了解毒品的危害？（1 分）

5. 作者认为有哪些方法可以减压？（2 分）

（三）根据例文 4.5 第六段的内容，找出与左边词语意思最接近的词语或短语。（5 分）

1. 综上所述 （　　）

2. 弊大于利 （　　）

3. 方式 （　　）

4. 预防 （　　）

5. 滥用 （　　）

六、不要给孩子太大压力

（一）根据例文 4.6 第一段到第三段的内容，判断下列句子的对错，并说明理由。（5 分）

1. 学生的主要压力并不是来自学校。（对 / 错）

（理由）

2. 家长给孩子定出了学习时间表。（对 / 错）

（理由）

3. 很多学生考试成绩不好，回家就会被家长骂。（对 / 错）

（理由）

4. 作者的家长也像其他父母一样给孩子很大的学习压力。（对 / 错）

（理由）

5. 作者认为现在好好读书，长大后就会有好工作。（对 / 错）

（理由）

（二）根据例文 4.6 第四段到第七段的内容，回答下列问题。

1. 作者的家长认为什么比学习更重要？（2 分）

2. 作者的家长为什么要作者订机票和安排旅游行程？（3 分）

3. 作者认为什么叫成功？（4 分）

4. 这次演讲的听众是什么人？（1 分）

（三）根据例文 4.6 的内容，找出与下面的解释最接近的词语。（5 分）

1. 比别人都强，胜出所有人 （　　）

2. 学习是最重要的 （　　）

3. 把东西拿走作为惩罚 （　　）

4. 最有能力做到的 （　　）

5. 管好自己的脾气 （　　）

七、学校应该如何处罚违反校规的学生

（一）根据例文 4.7 第一段和第二段的内容，回答下面的问题。

1. 那个学生违反了什么校规？（1 分）

2. 学校是怎么处罚那个违反校规的学生的？（1 分）

3. 为什么作者认为学校的处罚太轻？（1 分）

4. 作者认为学校应该采取具有什么作用的措施呢？（1 分）

5. 处理违反校规的事情，除了处罚，学校还应该做什么？（1分）

（二）根据例文 4.7 第三段和第四段的内容，把左边的词语或短句和右边的解释连起来。（5分）

1. 从教育入手	A. 自己想，并形成自己的观点
2. 品学兼优	B. 首先要传授正确的观念
3. 独立思考	C. 教导如何成为一个有正确观念的人
4. 品德教育	D. 学习成绩和人品都好
5. 彻底	E. 完完全全

（三）根据例文 4.7 的内容，用所给的词语填空。（5分）

词语：虽然……但是……，不仅……而且……，因为……所以……，只有……才……，除了……还……

1. 一个高年级的学生 ________ 在校园内抽烟，______ 被学校处罚。

2.________ 学校处罚了违反校规的学生，______ 我觉得这个处罚太轻。

3.________ 有阻吓作用的惩罚 ______ 能提醒违反校规的学生不要再犯。

4. 学校 ______ 要处罚违反校规的学生，______ 还要跟家长沟通。

5. 处罚的方法 ______ 放学后留堂，______ 包括停课和开除。

八、对毒品说不

（一）根据例文 4.8 的内容，从下面选出最合适的答案。（10分）

1. 毒品问题是当今青少年（　　）。

A. 唯一的犯罪原因　　B. 其中一个犯罪原因

C. 最重要的犯罪原因　　D. 一个犯罪原因

2. (　　) 的同学是因为好奇而吸毒。

A. 一小部分　　B. 差不多 50%

C. 差不多 60%　　D. 一大部分

3. 家庭环境对青少年成长 (　　)。

A. 重要　　B. 挺重要的

C. 很重要　　D. 特别重要

4. 根据张同学所说的话，青少年容易受到谁的影响？(　　)

A. 家庭　　B. 社会

C. 朋友　　D. 媒体

5. 王同学从哪儿知道毒品有害健康？(　　)

A. 学校　　B. 父母

C. 媒体　　D. 戒毒中心

6. 吸毒的青少年容易 (　　)。

A. 感冒　　B. 视力下降

C. 记忆力变差　　D. 手疼、胳膊疼

7. 吸毒会导致 (　　)。

A. 家庭关系变差　　B. 人际关系疏远

C. 不会与人沟通　　D. 跟老师吵架

8. 下面哪一项跟吸毒没有关系？(　　)

A. 容易生病　　B. 容易疲劳

C. 精神不集中　　D. 老想吃东西

9. 第二段中的"误入歧途"的意思是 (　　)。

A. 在街上走错方向　　B. 在思想观念上走错方向

C. 路途中犯了错误　　D. 途中有了误会

10. 第四段中的"盲目从众"的意思是 (　　)。

A. 盲人跟着大家　　B. 蒙住眼睛跟着大家走

C. 不看就跟着别人走　　　　D. 不思考就跟着别人走

（二）根据例文 4.8 的内容，从下面的句子中找出五个正确的句子。（5 分）

A. 记者到一所学校采访学生。

B. 记者采访了一些正在吸毒的学生。

C. 有些青少年吸过一次毒就停不下来了。

D. 在所有吸毒原因中，因为好奇而吸毒的占了七成。

E. 有些青少年因为害怕失去好朋友而吸毒。

F. 毒品只对青少年的身体有危害。

G. 毒品对青少年的危害比成年人更大。

H. 神志不清、没有精神一定是吸毒的症状。

I. 如果父母知道孩子吸毒，他们会非常生气。

J. “对毒品说不”的意思就是不要去买毒品。

请把答案写在这里：

1.

2.

3.

4.

5.

九、义工对青少年身心发展的影响

（一）根据例文 4.9 的内容，把左边的词语和右边的解释对应起来。（5 分）

1. 收获	A. 非常好、值得保留
2. 类似	B. 因为帮助了别人，自己也感到高兴
3. 宝贵	C. 差不多

4. 助人为乐　　　　D. 兴趣目标都一样

5. 志同道合　　　　E. 成果

（二）根据例文 4.9 的内容，回答下列问题。

1. 国际文凭课程包括什么内容？（2 分）

2. 作者刚开始的时候对义工活动持什么态度？（2 分）

3. 从义工活动中，作者学到了什么？（1 分）

4. 义工活动和作者的生活有什么关系？（1 分）

5. 参加义工活动可以做些什么？请举出两个例子。（2 分）

6. 义工活动使作者有了什么改变？（2 分）

十、网上学汉语的优劣

（一）根据例文 4.10 的内容，给每个段落找出对应的段落大意。（5 分）

1. 第一段　　　　A. 随时随地都可以学汉语

2. 第三段　　　　B. 网上学汉语的坏处

3. 第四段　　　　C. 随着网上教育的普及，上网自学汉语的人越来越多

4. 第五段　　　　D. 网上学习应该和传统学习相结合

5. 第六段　　　　E. 网上的师生关系像网友

（二）根据例文 4.10 的内容，找出跟下列解释最接近的词语。（5 分）

1. 好处和坏处（　　）

2. 特别快（　　）

3. 不紧张（　　）

4. 临时到另一个地方工作（　　）

5. 百分之百（　　）

（三）根据例文 4.10 的内容，从右边找出最合适的结尾来完成左边的短句。（5 分）

1. 很多人喜欢	A. 在家里上汉语课
2. 很多人觉得	B. 就不能好好学习
3. 很多人坐	C. 在网上学汉语
4. 很多人的电脑	D. 在网上学汉语轻松，而且方便
5. 很多人没有老师监督	E. 太旧，所以不能在网上顺利学习

主题五　全球问题

一、气候暖化对我们的影响

（一）根据例文 5.1 第一段到第四段的内容，回答下列问题。

1. 为什么全世界都在开发新能源和可再生能源？（2 分）

2. 第一段提到了用什么方法可以解决气候暖化的问题？（1 分）

3. 接受采访的科学家得过什么奖？（1 分）

4. 接受采访的科学家首先解答了一个什么问题？（1 分）

5. 为什么全球气温会上升？请举出两个例子。（2 分）

6. 气候暖化会带来什么后果？（3 分）

（二）根据例文 5.1 第五段到第九段的内容，判断下面句子的对错，并给出理由。（5 分）

1. 全球暖化的问题和我们每一个人的生活连在一起了。（对 / 错）

（理由）

2. 石油只会造成空气污染。（对 / 错）

（理由）

3. 生产电子产品也会造成空气污染。（对 / 错）

（理由）

4. 少坐车多走路对减少碳排放有帮助。（对 / 错）

（理由）

5. 李先生在采访中简单讲了一下环保的问题。（对 / 错）

（理由）

（三）根据例文 5.1 的内容，找出与下面的解释最接近的词语。（5 分）

1.（第一段）以前从来没有过的 （　　）

2.（第四段）不断 （　　）

3.（第四段）一年一年地 （　　）

4.（第五段）不能分开 （　　）

5.（第六段）几乎用光了 （　　）

二、学校能为环保做点什么

（一）根据例文 5.2 的内容，找出正确的答案。（5 分）

1. 陈小明同学给校长写信的目的是什么？（　　）

A. 讨论环保问题　　B. 讨论地球能源危机问题

C. 提出环保的建议　　D. 表达环保的意见

2. 学校的垃圾包括什么？（　　）

A. 学生不要的电脑　　　　B. 太阳能发电板

C. 旧衣服　　　　　　　　D. 学校食堂的剩饭剩菜

3. 厨余处理器就是（　　）。

A. 解决剩余饭菜的机器　　B. 厨房做清洁时用的机器

C. 厨房切菜用的机器　　　D. 处理厨具的机器

4. “一举两得”的意思是（　　）。

A. 做两件事有同一个好处　B. 做一件事有两个好处

C. 举起一个可以得到两个　D. 举一个例子可以得到两个答案

5. “绿色校园”的意思是（　　）。

A. 把校园涂成绿色的　　　B. 种满了树的校园

C. 在校园里要穿绿色的校服　D. 在校园里提倡环保

（二）根据例文 5.2 的内容，用下面的词语填空。（5 分）

词语：如果……就……，既……也……，因为……所以……，除了……还……，不仅……而且……

1. ______ 学校超过百分之五十的废物都来自于厨余，______ 学校可以引入厨余处理器。

2. 在天台装上太阳能板，______ 可以善用空间，______ 可以减少学校整体的碳排放量。

3. ______ 给学校的科学课加上一个自制动力发电机的习作，学生们 ______ 可以参考真实的发电机来创造一部能在学校生活中使用的动力发电机。

4. 这 ______ 可以提高学生对再生能源的认识，______ 可以将能源科技引入我们的日常生活。

5. 我希望校长 ______ 能够考虑并接纳我的建议，______ 要采取一些措施，把学校变成一个“绿色校园”。

（三）根据例文 5.2 的内容，回答下列问题。

1. 厨余处理器的作用是什么？（1 分）

2. 为什么要在学校天台安装太阳能发电板？（2 分）

3. 让学生自己制作动力发电机有什么好处？（2 分）

三、保护我们的环境

（一）根据例文 5.3 第一段和第二段的内容，判断下面句子的对错，并说明理由。（5 分）

1. 地球上的生物正在逐渐消失。（对 / 错）

（理由）

2. 同学们对如何看待环保的问题回答得很好。（对 / 错）

（理由）

3. 我们都应该在我们的日常生活中注意环保。（对 / 错）

（理由）

4. 现在每个人都注意环保了。（对 / 错）

（理由）

5. 随地吐痰是环保意识不强的表现。（对 / 错）

（理由）

（二）根据例文 5.3 第三段到第六段的内容，回答下面的问题。

1. 对于垃圾，同学们是怎么处理的？（2 分）

A.

B.

2. 从哪里可以看出同学们的环保意识加强了？（1 分）

3. 知识问答包括了几个问题？（1 分）

4. 进行知识问答的目的是什么？（2 分）

5. 从最后一段可以看出，要保护环境，我们应该做到哪两件事？（2 分）

6. 在报告的结尾，作者作出了什么呼吁？（2 分）

（三）根据例文 5.3 的内容，找出与下列解释最接近的词语。（5 分）

1.（第二段）义务　（　　）

2.（第二段）金钱　（　　）

3.（第三段）吃饭用的碗碟　（　　）

4.（第五段）很多人居住的地方　（　　）

5.（第六段）感想　（　　）

四、爱护我们的地球

（一）根据例文 5.4 的内容，给每个段落找出对应的段落大意。（5 分）

1. 第一段　　A. 呼吁大家改掉浪费资源的坏习惯
2. 第二段　　B. 能源消耗和温室效应
3. 第三段　　C. 环保要从现在开始，从身边的小事做起
4. 第四段　　D. 日常生活中使用能源的例子
5. 第五段　　E. 呼吁大家为了下一代有个好生活而开始环保

（二）根据例文 5.4 的内容，回答下列问题。

1. 学校里有什么不环保的现象？（1 分）

2. 我们使用的电是从哪里来的？（2 分）

3. 发电会带来什么问题？（2 分）

4. 在我们的日常生活中有哪些不环保的现象？举出两个例子。（2 分）

5. 为什么要自己从家里带水杯到学校？（3 分）

（三）根据例文 5.4 的内容，找出与下面的解释最接近的词语。（5 分）

1. 特别热　　（　　）
2. 经过加工可以重复使用　　（　　）
3. 导致气温上升的结果　　（　　）
4. 城市　　（　　）
5. 不需要付钱　　（　　）

五、发展与保育

（一）根据例文 5.5 的内容，判断下面句子的对错，并说明理由。（5 分）

1. 只有我们国家有发展与保育的问题。（对 / 错）

（理由）

2. 社会的发展包括拆掉旧建筑后再建新的大楼。（对 / 错）

（理由）

3. 保育的意思是保护和养育自己的孩子。（对 / 错）

（理由）

4. 拆掉旧房子、建造新大楼是为了解决人口增多的问题。（对 / 错）

（理由）

5. 旧的建筑包含了非常多的历史故事，所以应该保留。（对 / 错）

（理由）

（二）根据例文 5.5 第四段和第五段的内容，把左边的词语和右边的解释搭配起来。（5 分）

1. 丰富	A. 一代接一代地流传
2. 传承	B. 唯一
3. 象征	C. 很多很多
4. 独一无二	D. 标志
5. 平衡	E. 两边一样

（三）根据例文 5.5 第六段和第七段的内容，回答下列问题。

1. 现在的尖沙咀火车总站是哪年开始使用的？（1 分）

2. 香港尖沙咀的钟楼是哪年修建的？（1 分）

3. 为什么这个钟楼一定要保留？（1 分）

4. 发展和保育的关系是什么？（2 分）

六、低碳生活救地球

（一）根据例文 5.6 第一段和第二段的内容，找出与下面的解释对应的词语。（5 分）

1. 大家都知道（　　）
2. 都在注意（　　）
3. 环保生活（　　）
4. 病得非常严重（　　）
5. 不能再耽误了（　　）

（二）根据例文 5.6 第三段和第四段的内容，从右边找出最合适的结尾来完成左边的短句。（5 分）

1. 要实现低碳生活，我们一定要采用	A. 走路和骑自行车
2. 耗能低的电器产品	B. 费电
3. 简单的低碳生活包括	C. 对环保有很大的帮助
4. 购买电器的时候首先要	D. 看有没有能源标签
5. 待机模式的电视也会	E. 碳排放低的设备

（三）根据例文 5.6 第五段和第六段的内容，回答下面的问题。

1. 我们日常生活中怎样可以实现低碳生活？举出两个例子。（2 分）

2. 低碳生活的好处是什么？举出两个例子。（2 分）

3. “持之以恒”的意思是什么？（1 分）

七、城市和乡村

（一）根据例文 5.7 的内容，把下面的句子按顺序排列起来。（5 分）

1. 乡村宁静悠闲，非常舒适。
2. 在城市长大的人习惯城市的生活。
3. 在城市长大的人觉得城市里的繁忙令人兴奋。
4. 城市和乡村非常不一样。
5. 城市白天黑夜都那么热闹。

（二）根据例文 5.7 的内容，找出与下面的解释最接近的词语。（5 分）

1. 距离很近　（　　）
2. 马路上有很多车　（　　）
3. 虽然是夜晚，但还是像白天一样热闹　（　　）
4. 太阳出来就开始工作，太阳落山就回家休息　（　　）
5. 一切都安静下来　（　　）

（三）根据例文 5.7 的内容，回答下列问题。

1.“城市是热闹的代名词”是什么意思？（1 分）

2.“乡村是安静的代名词”是什么意思？(1 分）

3. 生活在城市有什么快乐？（2 分）

4. 从文章的结尾找出一个形容乡村的词语。(1 分）

八、从融合创新菜式到融合文化

（一）根据例文 5.8 的内容，回答下列问题。

1. 全球一体化对饮食有什么影响？（1 分）

2. 融合创新菜有什么特点？（2 分）

3. 为什么融合创新菜又叫饮食全球一体化？（1 分）

4. 什么社会现象令融合创新菜式出现了？（1 分）

5. 为什么说饮食全球一体化是好事？（2 分）

6. 饮食全球一体化会不会令全世界的食物变得单调？为什么？（3 分）

（二）根据例文 5.8 的内容，找出与下面的解释最接近的词语。（5 分）

1. 把两种或多种东西放在一起　（　　）

2. 原因　（　　）

3. 人们从一个国家搬到另一个国家去住　（　　）

4. 意料之外　（　　）

5. 差不多　（　　）

（三）根据例文 5.8 的内容，从下面的句子中找出五个正确的表达。（5 分）

A. 在全球一体化的影响下，饮食方面出现了越来越多的融合创新菜。

B. 厨师根据想象创造出的新菜式就叫融合创新菜。

C. 融合创新菜就是不分国家、完全一样的菜式。

D. 有了移民才有了融合创新菜。

E. 咖喱鱼蛋是香港人的传统地道小吃。

F. 社会要向前进步就一定要创新。

G. 到别的国家旅行可以学到很多关于其他国家的知识。

H. 融合创新菜式包含很多不同的文化。

I. 文化交流可以促进人与人之间的沟通。

J. 人与人之间的沟通可以产生多元文化。

请把答案写在这里：

1.

2.

3.

4.

5.

九、吸烟不被当今社会提倡

（一）根据例文 5.9 的内容，从右边找出最合适的结尾来完成左边的短句。（5 分）

1. 现在，越来越多的国家限制	A. 健康讲座和展览
2. 现在，越来越多的学校教育	B. 违反吸烟规定的法律条款
3. 现在，越来越多的政府制定	C. 购买香烟的烟草税
4. 现在，越来越多的地方提高	D. 人们吸烟的场所
5. 现在，越来越多的团体举办	E. 学生吸烟的害处

（二）根据例文 5.9 的内容，用下面的词语填空。（5 分）

词语：所以，不仅，并且，而且，除了

1. 学校从小教育孩子吸烟有害健康，______ 告诉他们吸烟是非常不好的行为。

2. ______ 新加坡，中国政府也立下了禁止人们在公共场所吸烟的条例。

3. 政府规定所有室内公共场所不准吸烟，______ 一部分室外公众场所也不许吸烟。

4. 提高烟草税直接增加了吸烟者的经济预算，______ 不少人开始戒烟。

5. 现在社会上的各种健康讲座 ______ 告诉人们吸烟的坏处，还会免费派发帮助人们戒烟的“口香糖”。

（三）根据例文 5.9 的内容，回答下列问题。

1. 反方的辩题是什么？（1 分）

2. 不接受吸烟的大环境是怎么样的？（2 分）

3. 如果在室内餐厅吸烟会有什么惩罚？（1 分）

4. 除了社会和政府反对吸烟，还有什么人不接受吸烟？（1 分）

十、移民的利与弊

（一）根据例文 5.10 的内容，判断下面句子的对错，并说明理由。（5 分）

1. 作者认为大部分移民的人都没有经过认真思考，而是别人怎么做自己也怎么做。（对 / 错）

（理由）

2. 作者认为移民去国外的人还是可以保留中国传统的。（对 / 错）

（理由）

3. 作者认为移民去国外的人可以传播中国文化。（对 / 错）

（理由）

4. 很多人从中国移民到国外，更多人会从国外移民来中国。（对 / 错）

（理由）

5. 移民有助于培养独立生活的能力。（对 / 错）

（理由）

（二）根据例文 5.10 的内容，找出与下面的解释最接近的词语。（5 分）

1. 不见了 （　　）

2. 最好、最经典的部分 （　　）

九、吸烟不被當今社會提倡

（一）根據例文 5.9 的內容，從右邊找出最合適的結尾來完成左邊的短句。（5 分）

1. 現在，越來越多的國家限制	A. 健康講座和展覽
2. 現在，越來越多的學校教育	B. 違反吸烟規定的法律條款
3. 現在，越來越多的政府制定	C. 購買香烟的烟草税
4. 現在，越來越多的地方提高	D. 人們吸烟的場所
5. 現在，越來越多的團體舉辦	E. 學生吸烟的害處

（二）根據例文 5.9 的內容，用下面的詞語填空。（5 分）

詞語：所以，不僅，并且，而且，除了

1. 學校從小教育孩子吸烟有害健康，______ 告訴他們吸烟是非常不好的行爲。

2. ______ 新加坡，中國政府也立下了禁止人們在公共場所吸烟的條例。

3. 政府規定所有室內公共場所不準吸烟，______ 一部分室外公衆場所也不許吸烟。

4. 提高烟草税直接增加了吸烟者的經濟預算，______ 不少人開始戒烟。

5. 現在社會上的各種健康講座 ______ 告訴人們吸烟的壞處，還會免費派發幫助人們戒烟的“口香糖”。

（三）根據例文 5.9 的內容，回答下列問題。

1. 反方的辯題是什麼？（1 分）

2. 不接受吸烟的大環境是怎麼樣的？（2 分）

3. 如果在室内餐廳吸烟會有什麽懲罰？（1分）

4. 除了社會和政府反對吸烟，還有什麽人不接受吸烟？（1分）

十、移民的利與弊

（一）根據例文5.10的内容，判斷下面句子的對錯，并説明理由。（5分）

1. 作者認爲大部分移民的人都没有經過認真思考，而是别人怎麽做自己也怎麽做。（對 / 錯）

（理由）

2. 作者認爲移民去國外的人還是可以保留中國傳統的。（對 / 錯）

（理由）

3. 作者認爲移民去國外的人可以傳播中國文化。（對 / 錯）

（理由）

4. 很多人從中國移民到國外，更多人會從國外移民來中國。（對 / 錯）

（理由）

5. 移民有助于培養獨立生活的能力。（對 / 錯）

（理由）

（二）根據例文5.10的内容，找出與下面的解釋最接近的詞語。（5分）

1. 不見了　　（　　）

2. 最好、最經典的部分　　（　　）

3. 有很長的歷史　　（　　）

4. 別的國家　　（　　）

5. 比喻沒見過世面的人　　（　　）

（三）根據例文 5.10 的內容，回答下列問題。

1. 移民的人會把什麼帶到新的國家？（3 分）

2. 移民對個人的生活經歷有什麼正面影響？舉出兩個例子。（2 分）

FOLLOW ME THROUGH BHL

Reading Exercise Book

突破IB中文B 高級課程難關

閱讀理解練習冊

（新大綱版）

冯薇薇（Vivienne Fung）編著

SinolinguA
华语教学出版社

策划编辑：韩　颖
责任编辑：韩　颖
封面设计：何思倩　牛慧珍

图书在版编目（CIP）数据

突破 IB 中文 B 高级课程难关．阅读理解练习册（新大纲版）／冯薇薇编著．-- 北京：华语教学出版社，2018.6
ISBN 978-7-5138-1543-7

Ⅰ．①突… Ⅱ．①冯… Ⅲ．①汉语－阅读教学－对外汉语教学－习题集 Ⅳ．①H195.4-44

中国版本图书馆 CIP 数据核字（2018）第 077048 号

突破 IB 中文 B 高级课程难关·阅读理解练习册
（新大纲版）
冯薇薇（Vivienne Fung）　编著
*
华语教学出版社有限责任公司出版
（中国北京百万庄大街 24 号　邮政编码 100037）
电话：(86)10-68320585 68997826
传真：(86)10-68997826 68326333
网址：www.sinolingua.com.cn
电子信箱：hyjx@sinolingua.com.cn
北京虎彩文化传播有限公司印刷
2018 年（16 开）第 1 版
2021 年第 1 版第 2 次印刷
ISBN 978-7-5138-1543-7
003900

前　言

本練習冊旨在幫助學生學習《突破 IB 中文 B 高級課程難關》（新大綱版）一書例文[①]中的新詞語，通過練習更好地掌握新的詞語，包括這些詞語的意思和用法。除了詞語練習，本練習冊還設計了一些句子練習，特別是謂語動詞和賓語搭配的句子練習，以及復雜句中連接詞的使用等練習，目的是提高學生對中文句式熟練運用的程度。閱讀理解不能少的是對整篇短文的理解，所以，本練習冊也包括了判斷對錯和回答問題的練習。

"突破 IB 中文 B"系列圖書的編寫緊貼新頒布的考試大綱，高級課程練習冊與普通課程練習冊的內容有一部分相同，但難度方面有一定區別。高級課程練習冊中增加了針對四字詞語及成語用法的練習題。老師可以根據考試大綱中列舉出來的考試題型設計更加詳盡和多樣化的練習題，使學生通過各種不同的練習，更加熟練地掌握中文的詞匯和句子結構，更加透徹地理解短文的內容。

---

① 爲方便使用，本練習冊對《突破 IB 中文 B 高級課程難關》（新大綱版）中的例文按"主題序號 + 具體文章出現順序"的方式進行了排序。例如：主題一（身份認同）的第一篇例文（《中西方節日的互相影響》）在本練習冊中的序號即爲 1.1。

目　録

閱讀文本和考題類型

文本的文體	問題類型
采訪報道	選出正確詞語（多項選擇）
訪談	字詞填空
議論文	詞語配對（同義詞、反義詞、成語）
博客	人稱代詞理解
影評	句子配對（完成句子）
網絡文章	選出正確句子（多項選擇）
專欄文章	句子排序
新聞報道	段意
説明文	判斷對錯（要寫明理由）
記叙文	問答題

IBDP 中文 B 的閱讀理解題型主要分爲三個部分：

（一）詞語部分

主要考查學生對詞語的掌握。考試題型包括：

1. 詞語和解釋配對
2. 詞語和近義詞搭配
3. 多項選擇（選出正確詞語）
4. 連接詞填空
5. 人稱代詞的指代

（二）句子結構

主要考查學生對句子結構的掌握。考試題型包括：

1. 句子前半句和後半句的搭配
2. 謂語動詞和賓語的搭配
3. 句子順序
4. 多項選擇（選出正確句子）

（三）整體意思

主要考查學生對短文的理解。考試題型包括：

1. 回答問題
2. 判斷對錯
3. 段意
4. 多項選擇（選出意思正確的句子）

主題一　身份認同

一、中西方節日的互相影響

（一）根據例文 1.1，回答下面的問題。

1. 在第一段提到了哪幾個節日？（3 分）

（1）

（2）

（3）

2. 香港是一個什麼樣的城市？（1 分）

3. 作者在什麼樣的學校上學？（1 分）

4. 為什麼學校要慶祝印度的新年？（1 分）

5. 劃龍舟是哪個節日的活動？（1 分）

（二）根據例文 1.1，從右欄中找出最適合左邊句子的結尾。

1. 人們的交流	A. 聖誕樹
2. 家裏會擺	B. 聖誕賀卡

3. 家人會送　　　　　　　　C. 越來越方便

4. 給朋友寫　　　　　　　　D. 紅包

5. 龍舟比賽場地　　　　　　E. 緊張

6. 比賽過程　　　　　　　　F. 熱鬧

（三）從例文 1.1 中找出與下面各題意思最接近的詞語。

1. 每天都有新的東西　（　　）

2. 不一般　（　　）

3. 知道更多事情　（　　）

4. 敬重　（　　）

二、中文夏令營

（一）根據例文 1.2 的內容，從 A、B、C、D 中選出正確的答案。（5 分）

1. 這次夏令營的名字是什麼？（　　）

　A. 歷史令營　　　B. 文化夏令營

　C. 中文夏令營　　D. 運動夏令營

2. 夏令營每星期有幾天上中文課？（　　）

　A. 四天　　　B. 五天

　C. 六天　　　D. 七天

3. 夏令營會舉辦什麼比賽？（　　）

　A. 中文　　　B. 歷史

　C. 攝影　　　D. 聽力

4. 夏令營安排學生哪天去參觀當地的中學？（　　）

　A. 星期二　　　B. 星期三

　C. 星期四　　　D. 星期五

5. 夏令營安排學生住在哪裏？（　　）

A. 當地人家裏　　B. 當地中學的宿舍

C. 當地酒店　　D. 北京

（二）根據例文 1.2 的內容，回答下面的問題。

1. 這次中文夏令營在哪兒舉辦？（1 分）

2. 這個夏令營的目的是什麼？（3 分）

（1）

（2）

（3）

3. 這個夏令營安排學生乘坐哪家航空公司的飛機？（1 分）

（三）從例文 1.2 裏找出與下面各題意思最接近的詞語。（5 分）

1. 安排活動　（　　）

2. 時間的長短　（　　）

3. 自己去親身感受　（　　）

4. 學校給學生提供的住房　（　　）

5. 全部都有　（　　）

三、上大學自我推薦信

（一）根據例文 1.3，判斷下面的敘述是對還是錯，并說明理由。（5 分）

1. 李大衛中學畢業後希望讀中文專業。（對 / 錯）

（理由）

2. 李大衛現在除了學中文，還學音樂。（對 / 錯）
（理由）

3. 李大衛覺得中文很難，所以中文成績不太好。（對 / 錯）
（理由）

4. 現在全世界有 20% 的人說中文。（對 / 錯）
（理由）

5. 李大衛除了會中國功夫，還會跳中國舞。（對 / 錯）
（理由）

（二）從 A、B、C、D 中選出正確的答案（2 分）

1. 這封推薦信的主題是什麼？（　　）

A. 說學中文的重要性　　B. 介紹北京大學的歷史

C. 介紹 IB 課程　　D. 申請去大學學中文

2. 李大衛曾經在什麼比賽中得到第二名？（　　）

A. 舞獅比賽　　B. 中國功夫比賽

C. 用漢語講故事比賽　　D. 畫中國畫比賽

（三）根據例文 1.3，找出與下面段落相應的分段大意。（3 分）

1. 第二段　　A. 中文爲什麼重要

2. 第三段　　B. 選擇北京大學的原因

3. 第四段　　C. 中文成績怎麼樣

四、學漢語的困難

（一）從例文 1.4 的第二段中找出與 1、2、3、4、5 最接近的詞語。（5 分）

1. 進步 （ ）
2. 喜歡 （ ）
3. 一天比一天多 （ ）
4. 到一個地方看看 （ ）
5. 展覽館裏擺放的東西 （ ）

（二）根據例文 1.4 的第三、四段，選出四個正確的叙述，把答案寫在括號裏。（4 分）

1. 要學好漢語，我們應該：（ ）、（ ）、（ ）、（ ）。

A. 多做聽寫

B. 多練習寫漢字

C. 多看電影

D. 不會寫的字就查字典

E. 多去旅游

F. 多看中文電視節目

G. 每天用中文寫日記

H. 多和中國人用中文聊天

（三）根據例文 1.4 的内容，回答下列問題。（6 分）

1. 這封信是誰寫給誰的？

2. 寫信的人爲什麽要學漢語？

（1）

（2）

（3）

3. 在中文聽、説、讀、寫四項中，寫信的人認爲哪一項最難?

4. 寫信的人以後想做什麽工作?

五、如何預防疾病、保持健康

（一）根據例文 1.5，判斷下列叙述是對還是錯，并用例文内容説明理由。（5 分）

1. 没生病的人戴口罩是怕别人把病毒傳染給自己。（對 / 錯）
（理由）

2. 醫院裏非常幹净。（對 / 錯）
（理由）

3. 學生回到家後的第一件事是把手洗幹净。（對 / 錯）
（理由）

4. 學生如果生病了就不要去上學了。（對 / 錯）
（理由）

5. 爲了不影響學習，學生生病了應該堅持上學。（對 / 錯）
（理由）

（二）根據例文 1.5，把左邊的詞語和右邊的解釋連起來。（5 分）

1. 如何 A. 清理

2. 各種各樣 B. 没發生之前就想辦法避免

3. 預防 C. 怎麼樣

4. 打掃 D. 一定、必須

5. 千萬 E. 不同種類

（三）根據例文 1.5 的内容，回答下面的問題。（5 分）

1. 流感的癥狀有哪些？

（1）

（2）

（3）

2. 洗手的目的是什麼？

（1）

（2）

六、中醫比西醫好

（一）根據例文 1.6 的第一、二段，回答下列問題。（5 分）

1. 從哪裏可以看出這是一篇辯論稿？

2.“治標不治本”的意思是什麼？

3. 中醫中藥對哪一種病比較好？

4.“苦口良藥”的意思是什麼?

5. 中醫中藥和西醫西藥，哪一個更便宜?

（二）根據例文 1.6 的第三段，把下面的句子按順序排列起來。（8 分）

1. 有一次，我得了感冒

A. 學校老師給我媽媽打了電話 (　　)

B. 我吃了很多西藥 (　　)

C. 醫生給我扎了針灸 (　　)

D. 我感到頭疼、嗓子疼 (　　)

E. 媽媽帶我去看西醫 (　　)

F. 媽媽帶我去看中醫 (　　)

G. 我還是咳嗽 (　　)

H. 我的病終於好了 (　　)

（三）從例文 1.6 最後結尾部分，找出符合下面各題的詞語。（2 分）

1. 按照 (　　)

2. 非常肯定 (　　)

七、關於如何保持身體健康的建議書

（一）根據例文 1.7 的內容，從下面的八句話中選出四個正確的句子。（4 分）

A. 壓力大的時候容易生病。

B. 我們應該少坐車多走路。

C. 我們應該每天用一到兩個小時聽音樂。

D. 考試之前，同學們有很多科目要復習，所以有很大壓力。

E. 和朋友聊天可以讓我們覺得更快樂。

F. 很多同學因爲要玩電腦游戲，所以不想吃飯，不想睡覺。

G. 我們不管做什麽都不能忘記壓力和煩惱。

H. 科學研究證明，踢足球是最好的運動。

請把答案寫在這裏：

1.

2.

3.

4.

（二）根據例文 1.7 的内容，從下面各句中選出正確的答案。（4 分）

1. 如果家住得不遠，同學們每天早上應該（　　）。

A. 跑步上學　　B. 走路上學

C. 坐車上學　　D. 騎車上學

2. 多吃青菜可以（　　）。

A. 更有力氣　　B. 心情更好

C. 忘記煩惱　　D. 保持健康

3. 如果有壓力，最好的方法是（　　）。

A. 睡覺　　B. 吃飯

C. 聽音樂　　D. 看電腦

4. 每天睡多久對身體最好？（　　）

A. 5–6 個小時　　B. 7–8 個小時

C. 9–10 個小時　　D. 11–12 個小時

（三）根據例文 1.7 的內容，從右邊的短語中找出最能表達左邊詞匯意思的解釋。（7 分）

1. 保持	A. 很用功
2. 季節	B. 讓別人考慮使用
3. 努力	C. 提出自己的想法
4. 建議	D. 一直是這樣，不要變差
5. 參考	E. 很多
6. 盡量	F. 一段時間
7. 大量	G. 有可能就多做

八、新年新健康計劃

（一）根據例文 1.8，列舉出作者在新的一年裏的新健康計劃。（5 分）

1.

2.

3.

4.

5.

（二）根據例文 1.8 的內容，回答下列問題。（8 分）

1. 爲什麼作者説這一年特別重要？

2. 每天做適量的運動有什麼好處？請寫出其中三個。

（1）

（2）

（3）

3. 文中哪個詞語的意思是“大家都這麼説”？

4. 不吃早餐對身體會有什麼負面影響？

（1）

（2）

5. 作者爲什麼要把計劃貼在墙上？

（三）根據例文 1.8 的内容，回答下面的問題。（2 分）

1. 根據第三段，誰覺得做一個小時的運動會浪費時間？

2. 根據第五段，誰因爲考試壓力大，每天凌晨 3、4 點才睡覺？

（四）根據例文 1.8 的内容，找出符合下面解釋的詞語。（3 分）

1.（第一段）非常、特别 （　　）

2.（第三段）不多不少 （　　）

3.（第三段）花時間少但收獲大 （　　）

九、厭食癥對身體健康的影響

（一）根據例文 1.9 的内容，從下面選出最合適的答案。（3 分）

1. 這篇例文是（　　）。

A. 兩個人的聊天對話　　B. 一個人對另一個人的專題采訪

C. 短信内容　　D. 新聞報道

2. 張先生的專長是什麼？（　　）

A. 研究厭食癥的專家　　B. 飲食營養師

C. 醫院的醫生　　　　　　D. 心理醫生

3. 下面哪一項不屬於厭食癥？（　　）

A. 把吃進去的食物想辦法吐出來

B. 看見食物就惡心

C. 減肥

D. 體重過輕

（二）根據例文 1.9 的內容，判斷下面的説法是對還是錯，并説明理由。（5 分）

1. 經常不吃飯會導致厭食癥。（對 / 錯）

（理由）

2. 身體過瘦對青少年的發育不太好。（對 / 錯）

（理由）

3. 厭食癥衹是身體上的一種疾病。（對 / 錯）

（理由）

4. 現在社會上的減肥風衹在青少年中流行。（對 / 錯）

（理由）

5. 衹有身材苗條才能被人接受。（對 / 錯）

（理由）

（三）根據例文 1.9 的內容，從右邊找出最合適的結尾來完成左邊的開頭短句。（5 分）

1. 厭食癥　　　　　　A. 身體的能量就不够。

2. 有些人因爲肥胖　　B. 在心理上出現了問題。

3. 如果太瘦　　C. 導致身體出現健康問題。

4. 厭食癥患者　　D. 是不好的行爲。

5. 歧視和取笑身材肥胖的同學　　E. 對青少年的發育有負面影響。

（四）根據例文 1.9 最後兩段的內容，回答下面的問題。（2 分）

1. 爲什麼説對青少年來説健康的身體是最重要的？

2. 青少年應該用什麼態度迎接挑戰？

（五）根據例文 1.9 的內容，找出與下面的解釋最接近的詞語。（5 分）

1. 時間長了　（　　）

2. 生病的樣子　（　　）

3. 不能夠　（　　）

4. 引起不好的後果　（　　）

5. 想嘔吐　（　　）

十、信仰與風俗

（一）根據例文 1.10 的內容，把左邊的段落和右邊的段落大意搭配起來。（5 分）

1. 第一段　　A. 概括了道教的教義

2. 第三段　　B. 不同宗教的共同點

3. 第四段　　C. 介紹專題報告的主題

4. 第五段　　D. 介紹了基督教在中國的情況

5. 第六段　　E. 介紹了佛教的教義

（二）根據例文 1.10 的内容，回答下面的問題。（5 分）

1. 中國人主要信仰哪些宗教？

（1）

（2）

2. 在中國，哪種宗教是本土出現的宗教？

3. “平時不燒香，臨時抱佛脚”是什麽意思？

4. 佛教和道教在教義上的共同點是什麽？

（三）根據例文 1.10 的内容，把下面左邊的詞語和右邊的解釋搭配起來。（5 分）

1. 前言	A. 信佛教的人去燒香的地方
2. 寺廟	B. 信基督教的人去做禮拜的地方
3. 因果報應	C. 在文章最前面的説明
4. 教祖	D. 永遠不會死
5. 長生不死	E. 做好事就會有好結果
6. 教堂	F. 創立宗教的人

主題二　個人經歷

一、中國春節

（一）根據例文 2.1 第一段和第二段的内容，判斷下面的句子是否正確，并寫出理由。（5 分）

1. 春節已經到了，很多朋友來中國感受春節的氣氛。（對 / 錯）

（理由）

2. 中國人最重視春節。（對 / 錯）

（理由）

3. 春節雖然都是農歷一月一日，但在日歷上每年并不是同一天。（對 / 錯）

（理由）

4. 春節和元宵節是連在一起的。（對 / 錯）

（理由）

5. 我們説的中國新年其實就是春節。（對 / 錯）

（理由）

（二）根據例文 2.1 第三段和第四段的內容，回答下面的問題。（10 分）

1. 春節的時候，中國人見面怎麼打招呼？

（1）

（2）

（3）

2. 中國人在春節的時候，最喜歡穿什麼顏色的衣服？

（1）

（2）

3. 年夜飯是指哪一天的晚飯？

4. 對中國人來説，爲什麼年夜飯特别重要？

5. 爲什麼在年夜飯上一定要有魚？

6. 過年吃餃子代表什麼？

7. 爲什麼小孩子都喜歡過春節？

（三）根據例文 2.1 的內容，找出跟下面各項解釋最接近的詞語。（5 分）

1.（第一段）盼望　（　　）

2.（第二段）中國傳統日曆　（　　）

3.（第三段）祝賀、祝願　（　　）

4.（第四段）不管　（　　）

5.（第四段）民間流傳的習慣　（　　）

二、生日送禮物

（一）根據例文 2.2 的內容，從下面的選項中選擇最適當的答案。（3 分）

1. 小月的生日是（　　）。

A. 上個星期　　B. 這個星期

C. 下個星期　　D. 今天

2. 我們在生日會上沒有吃到（　　）。

A. 面條　　B. 魚

C. 羊肉　　D. 猪肉

3. 小月拿到禮物後（　　）。

A. 馬上打開看　　B. 沒有打開看

C. 説完謝謝才把禮物打開　　D. 打開禮物後説非常喜歡

（二）根據例文 2.2 的內容，回答下面的問題。（3 分）

1. 在接受禮物這方面，中西文化有什麼差异?

（1）

（2）

2. 什麼叫“禮輕情意重”？

（三）根據例文 2.2 的內容，從右邊找出最合適的結尾來完成左邊的短句。（9 分）

1. 我的朋友小月請我去他家　　A. 一定會馬上打開看

2. 我們在小月家吃了　　B. 禮輕情意重

3. 我用中文唱了　　C. 生日快樂

4. 朋友用中文説了　　D. 參加生日派對

5. 我非常希望

6. 如果我收到禮物

7. 中國人認爲

8. 中西文化差异

9. 我一定要學好中文

E. 小月喜歡我的禮物

F. 生日歌

G. 還要多了解中國文化

H. 餃子、面條和蛋糕

I. 特别有意思

三、中西方飲食文化的差异

（一）根據例文 2.3 的內容，從下面的句子中選出四個正確的叙述。（4 分）

A. 這是一封電郵。

B. 中西方的飲食文化有很大的差异。

C. 中國人不會用刀叉，衹會用筷子。

D. 中國人吃飯喜歡選擇圓桌，因爲圓桌代表團圓。

E. 西方人比中國人更喜歡去公園野餐。

F. 中國茶和奶茶是一樣的。

G. 中國人喜歡熱鬧，所以吃飯時也有説有笑。

H. 在西餐廳吃飯不能説話。

請把答案寫在這裏：

1.

2.

3.

4.

（二）根據例文 2.3 的內容，把左邊的詞語和右邊的解釋搭配起來。（6 分）

1. 差异	A. 共同享用
2. 了解	B. 在郊外的室外空地上吃飯
3. 團圓	C. 不同
4. 分享	D. 不說也不笑
5. 野餐	E. 知道内情
6. 嚴肅	F. 在一起

（三）根據例文 2.3 的內容，回答下面的問題。（5 分）

1. 在中國餐廳，菜一般放在哪兒？

2. 在西餐廳，菜一般放在哪兒？

3. 如果不在家裏吃，中國人一般約朋友會去哪兒吃飯？

4. 博主最喜歡吃什麼中國菜？請舉出兩個例子。

（1）

（2）

四、中國年輕人的流行服飾

（一）從例文 2.4 的第一段和第二段中找出下面詞語的近義詞。（5 分）

1. 時髦 （　　）

2. 街頭巷尾 （　　）

3. 肥大 （　　）

4. 風味 （　　）

5. 不管什麼地方 (　　)

（二）根據例文 2.4，給以下各題選出正確的答案。（5 分）

1. 中國現在經濟發展了，所以人們越來越（　　）。

A. 講究飲食　　B. 講究衣着

C. 講究旅游　　D. 講究健康

2. 近幾年，在中國刮起了（　　）。

A. 臺風　　B. 狂風暴雨

C. 日韓時裝風　　D. 風暴

3. 在中國，什麼樣的商店可以賣出很多韓式服裝？（　　）

A. 百貨商店　　B. 較大的商店

C. 不太大的商店　　D. 網上的商店

4. 在中國，什麼樣的商品不太好賣？（　　）

A. 中國民族服飾　　B. 日本的流行服裝

C. 韓國流行的項鏈　　D. 美國流行的低腰牛仔短褲

5. 中國的年輕人對最新流行的反應（　　）。

A. 很快　　B. 不太快

C. 很慢　　D. 不太慢

（三）根據例文 2.4，回答下面的問題。（5 分）

1. 中國人從什麼地方了解日本和韓國流行服飾？請舉出兩個例子。

（1）

（2）

2. 有什麼方法可以讓中國傳統文化得到推廣？

（1）

（2）

3. 爲了不讓中國文化失傳，中國政府可以做什麼？

五、我的理想

（一）根據例文 2.5 的內容，選出一個合適的詞語填空。（5 分）

詞語：不但……而且……，越來越……，才，因爲……所以……，使

1. ________ 理想可以讓我們發掘自己的興趣并找到前進的方向，________ 每個人都要有理想。

2. 我 ________ 在鋼琴班學鋼琴，________ 還在家裏和學校裏練習彈鋼琴。

3. 老師的話 ________ 我鼓起勇氣參加了比賽。

4. 現在我 ________ 喜歡音樂了。

5. 有了這位這麼好的鋼琴老師，我 ________ 有今天的成功。

（二）從例文 2.5 中找出跟下面詞語匹配的詞語。（5 分）

1. 夢想　（　　）

2. 發現　（　　）

3. 制定　（　　）

4. 愛好　（　　）

5. 不同意　（　　）

（三）根據例文 2.5 的內容，從右邊找出最合適的結尾來完成左邊的短句。（5 分）

1. 理想可以幫助我們　　A. 好成績

2. 每次彈鋼琴我都覺得　　B. 找到前進的方向
3. 老師覺得我可以取得　　C. 每次表演的機會
4. 我現在特別珍惜　　D. 像做夢一樣
5. 每個人都　　E. 必須要有理想

六、旅游的好處

（一）根據例文 2.6 的內容，回答下面的問題。（10 分）

1. 旅游有什麼好處？

（1）

（2）

（3）

（4）

2. 人們去旅游一般都會做什麼？請舉出三個例子。

（1）

（2）

（3）

3. 在第四段中，哪個詞語的意思是“感受”？

4. 在第四段中，哪個詞語的意思是“奇怪的事情”？

5. 在第四段中，哪個詞語的意思是“聽到的和見到的”？

（二）根據例文 2.6 的內容，從右邊找出最合適的結尾來完成左邊的短句。（5 分）

1. 旅游雖然從體力上來説并不輕鬆
2. 因爲旅游使人們遠離壓力
3. 每一次旅游都可以
4. 旅游途中
5. 如果有時間

A. 所以在人們精神上得到徹底放鬆
B. 人們可以從不熟悉到熟悉
C. 大家都應該去旅游
D. 但是在其他方面却有很多好處
E. 讓人增廣見聞

七、北京

（一）根據例文 2.7 的內容，判斷下面句子的對錯，并説明理由。（5 分）

1. 李小華是學校的校長。（對 / 錯）

（理由）

2. 北京的秋天是最好的季節。（對 / 錯）

（理由）

3. 長城有一萬多里長。（對 / 錯）

（理由）

4. 頤和園裏有一個很大的湖，但没有山。（對 / 錯）

（理由）

5. 去北京旅游，一定要去長城。（對 / 錯）

（理由）

（二）根據例文 2.7 的內容，回答下列問題。（10 分）

1. 北京有什麼好吃的食物？請列舉出三個。

（1）

（2）

（3）

2. 爲什麼北京的交通比較擁堵？

3. 北京的出租車價錢怎麼樣？

4. 在北京坐出租車會遇到哪兩個問題？

（1）

（2）

5. 如果想參加這次北京旅游，應該怎麼樣報名？

6. 報名的最後一天是幾月幾號？

（三）根據例文 2.7 的內容，找出與下面各項解釋最接近的詞語。（5 分）

1.（第四段）著名的景點 （　　）

2.（第四段）必須要去 （　　）

3.（第六段）總是帶在身上 （　　）

4.（第七段）大商場 （　　）

5.（第八段）踴躍 （　　）

八、香港

（一）根據例文 2.8 的內容，把左邊的詞語和右邊的解釋搭配起來。（5 分）

1. 家鄉	A. 氣溫特別高
2. 國際化	B. 有各種各樣好吃的東西
3. 中國南大門	C. 在中國的最南邊
4. 炎熱	D. 出生長大的地方
5. 美食天堂	E. 有很多不同國家的人

（二）根據例文 2.8 的內容，給以下各題選擇正確的答案。（5 分）

1. 下面哪一個不是描述香港的說法？（　　）

A. 商業中心　　B. 國際化城市

C. 金融中心　　D. 政治中心

2. 下面哪一項是不適合在香港做的運動？（　　）

A. 游泳　　B. 滑雪

C. 爬山　　D. 打球

3. 下面哪一項不是廣東菜？（　　）

A. 春卷　　B. 蝦餃

C. 烤鴨　　D. 中式點心

4. 下面哪一個景點不在香港？（　　）

A. 海洋公園　　B. 迪士尼公園

C. 太平山頂　　D. 頤和園

5. 香港的城市交通（　　）。

A. 非常方便　　B. 挺方便的

C. 不太方便　　D. 不方便

（三）根據例文 2.8 的內容，選擇適當的詞語填空。（5 分）

詞語：特别是，都，也是，不僅……而且……，因爲……所以……

1. 香港 ________ 是國際化的大都市，________ 也是亞洲的商業和金融中心。

2. 香港的中式點心非常好吃，________ 春卷、蝦餃。

3. 香港是“美食天堂”，________“購物天堂”。

4. 在香港可以買到很多來自内地的商品，如鞋子、茶葉等，它們 ________ 非常物美價廉。

5. ________ 香港是一個旅游的好地方，________ 你一定要來親身體驗一下。

九、如何建立健康的休閑生活

（一）根據例文 2.9 第一段和第二段的内容，回答下列問題。（11 分）

1. 新科技對我們有什麽正面的影響？

（1）

（2）

2. 新科技給我們帶來了哪些負面影響？

（1）

（2）

3. 高中生有哪些壓力？

（1）

（2）

（3）

4. 作者在這裏提出了哪幾個建議？

（1）

（2）

（3）

（4）

（二）根據例文 2.9 的內容，找出與左邊的詞語或短句最接近的詞語。（4 分）

1. 又快又方便 （　　）

2. 好像 （　　）

3. 室外 （　　）

4. 令人感到不開心的事情 （　　）

5. 没有注意 （　　）

十、爲什麼要出國留學

（一）根據例文 2.10 第一段和第二段的内容，回答下面的問題。（5 分）

1. 接受采訪的同學有幾個？他們是誰？

（1）

（2）

2. 接受采訪的同學打算去哪兒上大學？

（1）

（2）

3. 爲什麼現在越來越多的人想出國留學？

（二）根據例文 2.10 第三段到第五段的內容，找出五個正確的句子。（5 分）

A. 出國留學必須要和父母一起去。

B. 出國留學會遇到各種人，所以一定要學會怎麼和人相處。

C. 如果父母在身邊，我們就不能很好地培養自己獨立生活的能力。

D. 在國外留學比較容易學會一門新的語言。

E. 出國留學可以吃到各國的美食。

F. 出國留學可以看到更多外國電影。

G. 語言對人與人之間的交流非常重要。

H. 出國留學可以親身感受其他國家的文化。

請把答案寫在這裏：

1.

2.

3.

4.

5.

（三）根據 2.10 的內容，把下列句子和說話的人對應起來。（5 分）

A. 出國留學可以豐富我們的生活經歷。

B. 可以發現別的國家的文化和我們國家的文化的差异。

C. 在國外學習有利於掌握一門新的語言。

D. 在國外留學可以擴展視野，使自己更加獨立。

E. 在國外學習可以學會如何與老師和同學相處。

1. 張同學（　　）

2. 張同學（　　）

3. 李同學（　　）

4. 李同學 （　　）

5. 記者 （　　）

（四）根據例文 2.10 的內容，找出與下面的解釋最接近的詞語。（5 分）

1.（第一段）很多不同的消息 （　　）

2.（第二段）使……變得更開闊 （　　）

3.（第三段）技能 （　　）

4.（第四段）妨礙做事或溝通的東西 （　　）

5.（第五段）最好 （　　）

主題三　發明創造

一、誤會

（一）根據例文 3.1 的內容，找出與下面的詞語或短句意思最接近的詞語。（5 分）

1. 着迷　（　　）
2. 限制太多　（　　）
3. 星期六和星期日　（　　）
4. 結果　（　　）
5. 每天都要用的東西　（　　）

（二）根據例文 3.1 的內容，回答下列問題。

1. 作者爲什麼和媽媽吵架了？（2 分）

2. 作者其實用電腦在做什麼？（2 分）

3. 玩電腦游戲有什麼負面影響？請舉出兩個例子。（2 分）

（1）

（2）

4. 在電腦上看書有什麼好處？（2 分）

5. 第三段中哪個詞組的意思是學到了更多的東西？（1 分）

6. 第三段中哪個詞組的意思是看到了更多的東西？（1 分）

二、互聯網弊大於利

（一）根據例文 3.2 第一段和第二段的內容，判斷下面句子的對錯，并説明理由。（5 分）

1. 互聯網是 2000 年以後發明的。（對 / 錯）

（理由）

2. 互聯網是我們日常生活中不可缺少的東西。（對 / 錯）

（理由）

3. 互聯網的好處非常多，有一些壞處，但不很嚴重。（對 / 錯）

（理由）

4. 每天在互聯網上花太多時間會影響學生的學習成績。（對 / 錯）

（理由）

5. 很多人因爲長時間上網聊天而跟家人吵架。（對 / 錯）

（理由）

（二）根據例文 3.2 第三段和第四段的內容，回答下面的問題。

1. 長時間上網會對身體有什麼不好的影響？請舉出兩個例子。（2 分）

2. 爲什麼有些長時間使用互聯網的學生會逃課？（2 分）

3. 爲什麼互聯網對青少年的身心健康不利？（1 分）

（三）根據例文 3.2 的內容，找出與下面的詞語或短句最接近的詞語。（5 分）

1. 壞處 （　　）
2. 買東西 （　　）
3. 不認識 （　　）
4. 不够 （　　）
5. 總的來説 （　　）

三、手機的利與弊

（一）根據例文 3.3 的內容，從下面的句子裏找出五個正確的句子。（5 分）

A. 祇有成年人有手機。
B. 手機給我們的生活帶來了一些好處，但同時也帶來了很多壞處。
C. 除了用手機打電話以外，還可以用手機上網、玩游戲、照相。
D. 買東西時，用手機可以很快把總價錢算出來。
E. 學生上課用手機可以幫助學習。
F. 手機的信息每五分鐘就更新一次。
G. 一邊走路一邊看手機可能會導致交通意外。

H. 適當地使用手機，手機就可以成爲我們的幫手。

請把答案寫在這裏：

1.

2.

3.

4.

5.

（二）根據例文 3.3 的內容，從下面的詞語中選擇合適的詞語填空。（5 分）

詞語：如果……就……，可是，一定，因此，越來越

1. 手機給我們帶來了很多方便，________，也造成了一些問題。

2. 現在的手機功能 ________ 多，比如，用手機可以上網、聽音樂、玩游戲、發電郵、聊天、照相等。

3. ________ 父母想知道孩子在哪裏，________ 可以用手機找他們。

4. 有的同學上課玩手機，不專心聽老師講課，________ 學習成績下降了。

5. 中學生 ________ 要學會善用手機，讓手機爲我們服務。

（三）根據例文 3.3 的內容，選出正確的答案。（5 分）

1. 手機是我們生活中的（　　）。

A. 必需品　　B. 可以缺少的日用品

C. 可有可無的日用品　　D. 衹有成年人才需要的日用品

2. 下面哪一個不是手機的功能？（　　）

A. 查字典　　B. 照相

C. 鬧鐘　　D. 發電報

3.“視力下降”的意思是（　　）。

A. 看不見　　B. 眼睛很累

C. 看東西越來越不清楚　　D. 往下看

4.“不專心聽老師講課”的意思是（　　）。

A. 老師講課的時候不看老師　　B. 不注意聽老師在講什麼

C. 對老師講的課没興趣　　D. 聽不懂老師講的課

5.“善用手機”的意思是（　　）。

A. 善于使用手機　　B. 手機很好用

C. 用手機做慈善　　D. 適當地使用手機

四、網上交朋友的利與弊

（一）根據例文 3.4 的内容，回答下列問題。

1. 和網上的朋友可以聊什麼？（3 分）

2. 爲什麼作者的父母不願意讓他在網上交朋友？（2 分）

3. 網上的朋友都是從哪裏來的？（1 分）

4. 網上的騙子會在哪些方面欺騙别人？（2 分）

5. 在網上應該怎麼做才可以交到好朋友？（1 分）

6. 這封信是誰寫給誰的？（1 分）

（二）根據例文 3.4 的內容，指出下面的人稱代詞指的是誰？（5 分）

1. 你的學校生活好嗎？（　　）

2. 我覺得在網上可以交到很多朋友。（　　）

3. 我們經常在網上談論不同國家的趣事。（　　）

4. 她現在是個學醫的大學生。（　　）

5. 也不説他們的真實年齡。（　　）

五、學生是否應該在學校使用電腦

（一）根據例文 3.5 的內容，判斷下面句子的對錯，并寫出理由。（5 分）

1. 學生在學校需要用電腦，因爲老師會讓學生在網上查資料。

（理由）

2. 老師覺得學生在學校用電腦利大於弊。

（理由）

3. 大多數學生都喜歡在課上玩電腦游戲。

（理由）

4. 學校老師應該教育學生如何正確使用互聯網。

（理由）

5. 低年級的學生需要老師對他們的上網時間進行限制。

（理由）

（二）根據例文 3.5 的内容，從右邊找出最合適的結尾來完成左邊的短句。（5 分）

1. 在采訪中，張明明同學談了談　　A. 對學生進行教育
2. 在電腦上學習可以　　B. 學生使用電腦的時間
3. 老師必須要　　C. 好奇心强，自控能力差
4. 低年級的學生　　D. 學校使用電腦的問題
5. 老師要限制　　E. 提高學生的學習興趣

（三）根據例文 3.5 的内容，找出與下面的詞語和短句相對應的詞語。（5 分）

1. 認爲　　（　　）
2. 越來越好　　（　　）
3. 談話　　（　　）
4. 人與人之間的交往　　（　　）
5. 什麽都想知道　　（　　）

六、參觀科技館

（一）根據例文 3.6 第一段的内容，回答下列問題。

1. 科技館裏有什麽？（1 分）

2. 作者把自己比喻成什麽？（1 分）

（二）根據例文 3.6 第二段和第三段的内容，回答下列問題。

1. 在科技館裏，誰和誰在打乒乓球？（1 分）

2. 科技館裏展出了哪幾種飛機？（5 分）

3. 無人機有什麽用途？請舉出兩個例子。（2 分）

（三）根據例文 3.6 的內容，找出與下面解釋最接近的詞語。（5 分）

1. 面前 （ ）
2. 高興 （ ）
3. 道理 （ ）
4. 又瘦又小 （ ）
5. 飛機模型 （ ）

七、電視節目

（一）根據例文 3.7 的內容，從下面選出最合適的答案。（5 分）

1. 下面哪一個不是看電視的好處？（ ）
   A. 增廣見聞　B. 做作業
   C. 坐觀天下　D. 提高修養
2. 電視可以爲人們提供（ ）。
   A. 世界潮流　B. 學習成績
   C. 娛樂休閑　D. 放鬆心情
3. 下面哪一項不是看電視的壞處？（ ）
   A. 帶來輕鬆快樂的享受　B. 吸收不正確的觀念
   C. 建立錯誤的價值觀　D. 視力下降了
4. 電視臺應該多播放（ ）。
   A. 電視連續劇　B. 暴力刺激的電影
   C. 有教育意義的短節目　D. 游戲

5. 第三段中的“足不出户就可以觀天下”是什麽意思？（　　）

A. 不出門，坐在家裏看天空　B. 在家裏踢足球

C. 不站起來就能看到樓下　D. 不出門就能知道世界上的事情

（二）根據例文 3.7 的內容，把段落意思和段落連起來。（5 分）

1. 第二段　A. 看不好的電視節目容易讓人學壞

2. 第三段　B. 看電視對青少年的健康有害

3. 第五段　C. 有些學生學習退步的原因

4. 第六段　D. 給電視臺提出建議

5. 第七段　E. 看電視可以增廣見聞

（三）根據例文 3.7 第一段到第三段的內容，找出與左邊的解釋對應的詞語。（5 分）

1. 必須要有　（　　）

2. 續劇播出一集就看一集　（　　）

3. 所以　（　　）

4. 品行教養　（　　）

5. 不同方面　（　　）

八、玩電腦會影響學習嗎

（一）根據例文 3.8 的內容，判斷下面句子的對錯，并説明理由。（5 分）

1. 學生會最近就“玩電腦會影響學習嗎”這一問題采訪了一個同學。（對 / 錯）

（理由）

2. 如果對電腦沉迷，學習成績就會退步。(對 / 錯)
(理由)

3. 電腦玩得太多，可能會影響視力。(對 / 錯)
(理由)

4. 在網上學習就是祇玩游戲。(對 / 錯)
(理由)

5.“玩電腦會影響學習嗎？” 這個問題不是祇有一個答案。(對 / 錯)
(理由)

(二) 根據例文 3.8 的內容，回答下面的問題。

1. 爲什麼説電腦對我們的生活特別重要？（1 分）

2. 爲什麼小雲的成績退步了很多？（1 分）

3. 爲什麼小雲的父母給他找了補習班，他的學習還是没有進步？（3 分）

4. 爲什麼王紅也玩電腦，但她的學習就沒有退步？（2 分）

5. 小雲和小星在網上做什麼？（2 分）

6. 最後一段的“一刀切”是什麼意思？（1 分）

九、《網絡安全與道德》讀後感

（一）根據例文 3.9 的內容，請找出與左邊的詞語或解釋對應的詞語或短語。（5 分）

1. 三晚　（　　）
2. 居然　（　　）
3. 不想吃喝　（　　）
4. 嚴重沉迷網絡的人　（　　）
5. 不真實　（　　）

（二）根據例文 3.9 的內容，找出五句正確的説法。（5 分）

A.《網絡安全與道德》這本書沒什麼意思。

B.《網絡安全與道德》這本書內容很豐富，所以書很厚。

C. 使用互聯網一定要保護好自己。

D. 書裏有一個例子是説一個網蟲待在網吧裏三天不回家。

E. 一個美國網蟲因爲身體殘疾，所以要坐輪椅。

F. 網蟲的意思是殘疾人。

G. 在互聯網上可以交朋友。

H. 網上的世界不是一個真實的世界。

I. 使用互聯網一定要有一個時間表。

請把答案寫在這裏：

1.

2.

3.

4.

5.

（三）根據例文 3.9 的內容，回答下面的問題。

1. 第二段中的學生跳樓的結果是什麼？（2 分）

2. 第三段中的美國少年得了什麼病？（1 分）

3. 作者在第四段如何告訴我們怎樣才可以成爲一個健康聰明的人？（1 分）

4. 第五段中的“和這個虛擬的世界做形影不離的好朋友”是什麼意思？（1 分）

十、電影《127 小時》觀後感

（一）根據例文 3.10 的內容，回答下列問題。

1.《127 小時》是一部什麼類型的電影？（1 分）

2. 這部電影爲什麼叫這樣一個名字？（1 分）

3. 電影裏男主角的個性是怎麼樣的？（2 分）

4. 電影的結局是好的還是不好的？爲什麼？（2 分）

5. 電影中男主角爬的山是怎麼樣的一座山？（1 分）

6. 男主角爲什麼要去爬那座山？（2 分）

7. 男主角憑着什麼度過了 127 個小時？（1 分）

（二）根據例文 3.10 的內容，把段落意思與段落序號搭配起來。（5 分）

1. 第一段	A. 男主角喜歡挑戰
2. 第二段	B. 希望大家向男主角學習
3. 第三段	C. 説明電影的名字
4. 第四段	D. 男主角遇到困難，逆境求生
5. 第五段	E. 概括故事的大意

（三）根據例文 3.10 的內容，找出與下面的解釋最接近的詞語。（5 分）

1. 喜愛冒險的人（　　）
2. 被別人發現并帶到了安全的地方（　　）
3. 對什麼都有興趣知道（　　）
4. 總是想贏，想超越別人（　　）
5. 覺得沒有希望（　　）

主題四　社會組織

一、望子成龍

（一）根據例文 4.1 第一段的內容，找出和下面詞語或解釋最接近的詞語。（5 分）

1. 比賽　（　　）
2. 防止事情發生　（　　）
3. 不要了　（　　）
4. 寫博客的人　（　　）
5. 希望子女有出息　（　　）

（二）根據例文 4.1 第二段和第三段的內容，回答下列問題。（5 分）

1. "爲孩子的未來鋪路" 是什麽意思？

2. "出發點是爲孩子好" 是什麽意思?

3. "站在孩子的角度" 是什麽意思?

4. "適得其反" 是什麽意思?

5. “越補越糟”是什麼意思?

（三）根據例文 4.1 第四段和第五段的內容，把左邊的詞語和右邊的解釋搭配起來。（5 分）

1. 因材施教	A. 什麼都做不成
2. 事倍功半	B. 自己看不起自己
3. 一事無成	C. 根據學生的能力使用不同的教學方法。
4. 自卑	D. 覺得自己非常了不起
5. 驕傲自大	E. 比別人用的時間少，收獲却比別人多

二、世界上最難尋覓而最易失去的是朋友

（一）根據例文 4.2 第一段到第三段的內容，從右邊找出最合適的結尾來完成左邊的短句。（5 分）

1. 我們都盼望	A. 得來不易的朋友
2. 每個人都應該珍惜	B. 每天見到朋友
3. 没有朋友的人	C. 要互相支持
4. 朋友	D. 很難成爲朋友
5. 性格不合的人	E. 會很孤獨

（二）根據例文 4.2 第四段到第六段的內容，回答下列問題。

1. 在什麼情況下友情容易出現問題？（3 分）

2. 朋友之間長期没有聯系會出現什麼結果？（3 分）

3. 什麼樣的朋友不是真正的朋友？（2 分）

4. 爲什麼説“那些在你遇到困難最需要幫助時却不能站在你身邊的朋友失去了不可惜”？（1分）

5. 標題中的“尋覓”是什麼意思？（1分）

（三）根據例文4.3的内容，找出與下面解釋最接近的詞語。（5分）

1. 找到 （　　）
2. 很難才能得到 （　　）
3. 説話没有共同話題 （　　）
4. 不計較、原諒别人 （　　）
5. 要真正認識一個人是需要時間的 （　　）

三、和媽媽吵架

（一）根據例文4.3第一段和第二段的内容，回答下列問題。

1.“我的心情就跟外面的天氣一樣‘多雲’”是什麼意思？（1分）

2.“指望”是什麼意思？（1分）

3.“聽媽媽説這話時我的心沉重極了。”爲什麼“沉重”？（1分）

（二）根據例文4.3第三段和第四段的内容，判斷下列句子的對錯，并説明理由。（5分）

1. 家長都希望自己的孩子能出人頭地。（對 / 錯）

（理由）

2. 有了壓力，我們就不能進步。（對 / 錯）
（理由）

3. 高中生正是學習的關鍵階段。（對 / 錯）
（理由）

4. 學生不應該因爲壓力大而不好好吃飯。（對 / 錯）
（理由）

5. 我們一定要多吃蔬菜、水果和零食。（對 / 錯）
（理由）

（三）根據例文 4.3 第四段和第五段的內容，回答下列問題。
1. 什麽是健康的减壓方法？（3 分）

2. 根據食物金字塔，我們最應該多吃什麽類型的食物？（1 分）

3. 根據社工的話，哪些人會有壓力？（1 分）

4. 學生應該怎樣迎接考試的到來？（2 分）

四、如何安全地參加户外活動

（一）根據例文 4.4 的內容，判斷下面句子的對錯，并説明理由。（5 分）
1. 夏天參加室外的活動有出意外的可能性。（對 / 錯）
（理由）

2. 吃飽飯後再參加户外活動會減少發生意外的機會。(對 / 錯)
(理由)

3. 喝水多，所以出汗多。(對 / 錯)
(理由)

4. 參加户外活動之前要先洗個熱水澡。(對 / 錯)
(理由)

5. 夏天到室外參加活動要穿白色的襯衫。(對 / 錯)
(理由)

(二) 根據例文 4.4 的内容，從右邊找出最合適的結尾來完成左邊的短句。(5 分)

1. 米飯和面包給我們提供	A. 可以防止中暑
2. 不喝水容易增加	B. 受傷的機會
3. 熱身	C. 足够的體力
4. 夏天穿淺色的衣服以及戴帽子和墨鏡	D. 容易發生意外
5. 做運動時戴耳環和項鏈	E. 是活動前一定要做的

(三) 根據例文 4.4 的内容，用下面的詞語填空。(5 分)

詞語：因爲……所以，如果……就，都，不僅……而且，也

1. ________ 同學們要參加户外活動，________ 一定要在活動前吃足够的食物。

2.________ 缺水，________ 同學們會覺得體虚、不舒服。

3. 熱身 ______ 包括慢跑，______ 還包括散步等。

4. 籃球、足球、游泳 ______ 是同學們喜愛的夏季户外體育活動。

15. 做運動時戴首飾有可能劃傷自己，______ 會劃傷別人。

五、學校毒品檢測的優點和缺點

（一）根據例文 4.5 第一段和第二段的內容，把左邊的詞語和右邊的解釋連起來。（5 分）

1. 抽查檢測	A. 判斷哪個對哪個不對
2. 辨別是非	B. 憂慮、害怕
3. 專注力	C. 隨意選取部分人進行檢查
4. 阻嚇作用	D. 集中精神
5. 擔心	E. 令人感到害怕的效力

（二）根據例文 4.5 第三段到第五段的內容，回答下列問題。

1. 誰認爲學校毒品檢測不是一件好事？（1 分）

2. 有多少學生使用毒品是爲了逃避學習壓力？（1 分）

3. 學生使用毒品的目的是什麼？（1 分）

4. 作者認爲學校應該如何讓學生了解毒品的危害？（1 分）

5. 作者認爲有哪些方法可以減壓？（2 分）

（三）根據例文 4.5 第六段的内容，找出與左邊詞語意思最接近的詞語或短語。（5 分）

1. 綜上所述　　　　（　　）

2. 弊大於利　　　　（　　）

3. 方式　　　　（　　）

4. 預防　　　　（　　）

5. 濫用　　　　（　　）

六、不要給孩子太大壓力

（一）根據例文 4.6 第一段到第三段的内容，判斷下列句子的對錯，并説明理由。（5 分）

1. 學生的主要壓力并不是來自學校。（對 / 錯）

（理由）

2. 家長給孩子定出了學習時間表。（對 / 錯）

（理由）

3. 很多學生考試成績不好，回家就會被家長罵。（對 / 錯）

（理由）

4. 作者的家長也像其他父母一樣給孩子很大的學習壓力。（對 / 錯）

（理由）

5. 作者認爲現在好好讀書，長大後就會有好工作。（對 / 錯）

（理由）

（二）根據例文 4.6 第四段到第七段的內容，回答下列問題。

1. 作者的家長認爲什麼比學習更重要？（2 分）

2. 作者的家長爲什麼要作者訂機票和安排旅游行程？（3 分）

3. 作者認爲什麼叫成功？（4 分）

4. 這次演講的聽衆是什麼人？（1 分）

（三）根據例文 4.6 的內容，找出與下面的解釋最接近的詞語。（5 分）

1. 比別人都强，勝出所有人（　　）
2. 學習是最重要的（　　）
3. 把東西拿走作爲懲罰（　　）
4. 最有能力做到的（　　）
5. 管好自己的脾氣（　　）

七、學校應該如何處罰違反校規的學生

（一）根據例文 4.7 第一段和第二段的內容，回答下面的問題。

1. 那個學生違反了什麼校規？（1 分）

2. 學校是怎麼處罰那個違反校規的學生的？（1 分）

3. 爲什麼作者認爲學校的處罰太輕？（1 分）

4. 作者認爲學校應該采取具有什麼作用的措施呢？（1 分）

5. 處理違反校規的事情，除了處罰，學校還應該做什麼？（1分）

（二）根據例文 4.7 第三段和第四段的內容，把左邊的詞語或短句和右邊的解釋連起來。（5分）

1. 從教育入手　　　　A. 自己想，并形成自己的觀點
2. 品學兼優　　　　　B. 首先要傳授正確的觀念
3. 獨立思考　　　　　C. 教導如何成爲一個有正確觀念的人
4. 品德教育　　　　　D. 學習成績和人品都好
5. 徹底　　　　　　　E. 完完全全

（三）根據例文 4.7 的內容，用所給的詞語填空。（5分）

詞語：雖然……但是……，不僅……而且……，因爲……所以……，祇有……才……，除了……還……

1. 一個高年級的學生 _______ 在校園內抽烟，_____ 被學校處罰。
2. _______ 學校處罰了違反校規的學生，______ 我覺得這個處罰太輕。
3. _______ 有阻嚇作用的懲罰 ______ 能提醒違反校規的學生不要再犯。
4. 學校 ______ 要處罰違反校規的學生，______ 還要跟家長溝通。
5. 處罰的方法 ______ 放學後留堂，______ 包括停課和開除。

八、對毒品説不

（一）根據例文 4.8 的內容，從下面選出最合適的答案。（10分）

1. 毒品問題是當今青少年（　　）。

A. 唯一的犯罪原因　　　B. 其中一個犯罪原因
C. 最重要的犯罪原因　　D. 一個犯罪原因

2.（　　）的同學是因爲好奇而吸毒。

A. 一小部分　　B. 差不多 50%

C. 差不多 60%　　D. 一大部分

3. 家庭環境對青少年成長（　　）。

A. 重要　　B. 挺重要的

C. 很重要　　D. 特別重要

4. 根據張同學所説的話，青少年容易受到誰的影響？（　　）

A. 家庭　　B. 社會

C. 朋友　　D. 媒體

5. 王同學從哪兒知道毒品有害健康？（　　）

A. 學校　　B. 父母

C. 媒體　　D. 戒毒中心

6. 吸毒的青少年容易（　　）。

A. 感冒　　B. 視力下降

C. 記憶力變差　　D. 手疼、胳膊疼

7. 吸毒會導致（　　）。

A. 家庭關系變差　　B. 人際關系疏遠

C. 不會與人溝通　　D. 跟老師吵架

8. 下面哪一項跟吸毒没有關系？（　　）

A. 容易生病　　B. 容易疲勞

C. 精神不集中　　D. 老想吃東西

9. 第二段中的“誤入歧途”的意思是（　　）。

A. 在街上走錯方向　　B. 在思想觀念上走錯方向

C. 路途中犯了錯誤　　D. 途中有了誤會

10. 第四段中的“盲目從衆”的意思是（　　）。

A. 盲人跟着大家　　B. 蒙住眼睛跟着大家走

C. 不看就跟着别人走　　　　D. 不思考就跟着别人走

（二）根據例文 4.8 的內容，從下面的句子中找出五個正確的句子。（5 分）

A. 記者到一所學校采訪學生。

B. 記者采訪了一些正在吸毒的學生。

C. 有些青少年吸過一次毒就停不下來了。

D. 在所有吸毒原因中，因爲好奇而吸毒的占了七成。

E. 有些青少年因爲害怕失去好朋友而吸毒。

F. 毒品衹對青少年的身體有危害。

G. 毒品對青少年的危害比成年人更大。

H. 神志不清、没有精神一定是吸毒的癥狀。

I. 如果父母知道孩子吸毒，他們會非常生氣。

J.“對毒品説不”的意思就是不要去買毒品。

請把答案寫在這裏：

1.

2.

3.

4.

5.

九、義工對青少年身心發展的影響

（一）根據例文 4.9 的內容，把左邊的詞語和右邊的解釋對應起來。（5 分）

1. 收獲　　　　A. 非常好、值得保留

2. 類似　　　　B. 因爲幫助了别人，自己也感到高興

3. 寶貴　　　　C. 差不多

4. 助人爲樂　　　　D. 興趣目標都一樣

5. 志同道合　　　　E. 成果

（二）根據例文 4.9 的内容，回答下列問題。

1. 國際文憑課程包括什麽内容？（2 分）

2. 作者剛開始的時候對義工活動持什麽態度？（2 分）

3. 從義工活動中，作者學到了什麽？（1 分）

4. 義工活動和作者的生活有什麽關系？（1 分）

5. 参加義工活動可以做些什麽？請舉出兩個例子。（2 分）

6. 義工活動使作者有了什麽改變？（2 分）

十、網上學漢語的優劣

（一）根據例文 4.10 的内容，給每個段落找出對應的段落大意。（5 分）

1. 第一段　　　　A. 隨時隨地都可以學漢語

2. 第三段　　　　B. 網上學漢語的壞處

3. 第四段　　　　C. 隨着網上教育的普及，上網自學漢語的人越來越多

4. 第五段　　　　D. 網上學習應該和傳統學習相結合

5. 第六段　　　　E. 網上的師生關系像網友

（二）根據例文 4.10 的內容，找出跟下列解釋最接近的詞語。（5 分）

1. 好處和壞處 （　　）

2. 特別快 （　　）

3. 不緊張 （　　）

4. 臨時到另一個地方工作 （　　）

5. 百分之百 （　　）

（三）根據例文 4.10 的內容，從右邊找出最合適的結尾來完成左邊的短句。（5 分）

1. 很多人喜歡　　A. 在家裏上漢語課

2. 很多人覺得　　B. 就不能好好學習

3. 很多人坐　　C. 在網上學漢語

4. 很多人的電腦　　D. 在網上學漢語輕鬆，而且方便

5. 很多人没有老師監督　　E. 太舊，所以不能在網上順利學習

主題五　全球問題

一、氣候暖化對我們的影響

（一）根據例文 5.1 第一段到第四段的內容，回答下列問題。

1. 爲什麼全世界都在開發新能源和可再生能源？（2 分）

2. 第一段提到了用什麼方法可以解決氣候暖化的問題？（1 分）

3. 接受采訪的科學家得過什麼獎？（1 分）

4. 接受采訪的科學家首先解答了一個什麼問題？（1 分）

5. 爲什麼全球氣温會上升？請舉出兩個例子。（2 分）

6. 氣候暖化會帶來什麼後果？（3 分）

（二）根據例文 5.1 第五段到第九段的內容，判斷下面句子的對錯，并給出理由。（5 分）

1. 全球暖化的問題和我們每一個人的生活連在一起了。（對 / 錯）

（理由）

2. 石油祇會造成空氣污染。(對 / 錯)

(理由)

3. 生產電子產品也會造成空氣污染。(對 / 錯)

(理由)

4. 少坐車多走路對減少碳排放有幫助。(對 / 錯)

(理由)

5. 李先生在采訪中簡單講了一下環保的問題。(對 / 錯)

(理由)

(三)根據例文 5.1 的內容，找出與下面的解釋最接近的詞語。(5 分)

1.(第一段)以前從來沒有過的 (　　)

2.(第四段)不斷 (　　)

3.(第四段)一年一年地 (　　)

4.(第五段)不能分開 (　　)

5.(第六段)幾乎用光了 (　　)

二、學校能爲環保做點什麼

(一)根據例文 5.2 的內容，找出正確的答案。(5 分)

1. 陳小明同學給校長寫信的目的是什麼？(　　)

A. 討論環保問題　　B. 討論地球能源危機問題

C. 提出環保的建議　　D. 表達環保的意見

2. 學校的垃圾包括什麼？(　　)

A. 學生不要的電腦　　　　B. 太陽能發電板

C. 舊衣服　　　　　　　　D. 學校食堂的剩飯剩菜

3. 厨餘處理器就是（　　）。

A. 解决剩餘飯菜的機器　　B. 厨房做清潔時用的機器

C. 厨房切菜用的機器　　　D. 處理厨具的機器

4. "一舉兩得"的意思是（　　）。

A. 做兩件事有同一個好處　B. 做一件事有兩個好處

C. 舉起一個可以得到兩個　D. 舉一個例子可以得到兩個答案

5. "緑色校園"的意思是（　　）。

A. 把校園塗成緑色的　　　B. 種滿了樹的校園

C. 在校園裏要穿緑色的校服　D. 在校園裏提倡環保

（二）根據例文 5.2 的内容，用下面的詞語填空。（5 分）

詞語：如果……就……，既……也……，因爲……所以……，除了……還……，不僅……而且……

1. ________ 學校超過百分之五十的廢物都來自於厨餘，________ 學校可以引入厨餘處理器。

2. 在天臺裝上太陽能板，________ 可以善用空間，________ 可以减少學校整體的碳排放量。

3. ________ 給學校的科學課加上一個自制動力發電機的習作，學生們 ________ 可以參考真實的發電機來創造一部能在學校生活中使用的動力發電機。

4. 這 ________ 可以提高學生對再生能源的認識，________ 可以將能源科技引入我們的日常生活。

5. 我希望校長 ________ 能够考慮并接納我的建議，________ 要采取一些措施，把學校變成一個"緑色校園"。

（三）根據例文 5.2 的內容，回答下列問題。

1. 厨餘處理器的作用是什麽？（1 分）

2. 爲什麽要在學校天臺安裝太陽能發電板？（2 分）

3. 讓學生自己制作動力發電機有什麽好處？（2 分）

三、保護我們的環境

（一）根據例文 5.3 第一段和第二段的內容，判斷下面句子的對錯，并説明理由。（5 分）

1. 地球上的生物正在逐漸消失。（對 / 錯）

（理由）

2. 同學們對如何看待環保的問題回答得很好。（對 / 錯）

（理由）

3. 我們都應該在我們的日常生活中注意環保。（對 / 錯）

（理由）

4. 現在每個人都注意環保了。（對 / 錯）

（理由）

5. 隨地吐痰是環保意識不强的表現。（對 / 錯）

（理由）

（二）根據例文 5.3 第三段到第六段的內容，回答下面的問題。

1. 對於垃圾，同學們是怎麼處理的？（2 分）

A.

B.

2. 從哪裏可以看出同學們的環保意識加强了？（1 分）

3. 知識問答包括了幾個問題？（1 分）

4. 進行知識問答的目的是什麼？（2 分）

5. 從最後一段可以看出，要保護環境，我們應該做到哪兩件事？（2 分）

6. 在報告的結尾，作者作出了什麼呼吁？（2 分）

（三）根據例文 5.3 的內容，找出與下列解釋最接近的詞語。（5 分）

1.（第二段）義務 （　　）

2.（第二段）金錢 （　　）

3.（第三段）吃飯用的碗碟 （　　）

4.（第五段）很多人居住的地方 （　　）

5.（第六段）感想 （　　）

四、愛護我們的地球

（一）根據例文 5.4 的內容，給每個段落找出對應的段落大意。（5 分）

1. 第一段
2. 第二段
3. 第三段
4. 第四段
5. 第五段

A. 呼吁大家改掉浪費資源的壞習慣
B. 能源消耗和温室效應
C. 環保要從現在開始，從身邊的小事做起
D. 日常生活中使用能源的例子
E. 呼吁大家爲了下一代有個好生活而開始環保

（二）根據例文 5.4 的內容，回答下列問題。

1. 學校裏有什麼不環保的現象？（1 分）

2. 我們使用的電是從哪裏來的？（2 分）

3. 發電會帶來什麼問題？（2 分）

4. 在我們的日常生活中有哪些不環保的現象？舉出兩個例子。（2 分）

5. 爲什麼要自己從家裏帶水杯到學校？（3 分）

（三）根據例文 5.4 的內容，找出與下面的解釋最接近的詞語。（5 分）

1. 特别熱（　　）
2. 經過加工可以重復使用（　　）
3. 導致氣温上升的結果（　　）
4. 城市（　　）
5. 不需要付錢（　　）

五、發展與保育

（一）根據例文 5.5 的內容，判斷下面句子的對錯，并説明理由。（5 分）

1. 衹有我們國家有發展與保育的問題。（對 / 錯）

（理由）

2. 社會的發展包括拆掉舊建築後再建新的大樓。（對 / 錯）

（理由）

3. 保育的意思是保護和養育自己的孩子。（對 / 錯）

（理由）

4. 拆掉舊房子、建造新大樓是爲了解决人口增多的問題。（對 / 錯）

（理由）

5. 舊的建築包含了非常多的歷史故事，所以應該保留。（對 / 錯）

（理由）

（二）根據例文 5.5 第四段和第五段的內容，把左邊的詞語和右邊的解釋搭配起來。（5 分）

1. 豐富	A. 一代接一代地流傳
2. 傳承	B. 唯一
3. 象徵	C. 很多很多
4. 獨一無二	D. 標志
5. 平衡	E. 兩邊一樣

（三）根據例文 5.5 第六段和第七段的內容，回答下列問題。

1. 現在的尖沙咀火車總站是哪年開始使用的？（1 分）

2. 香港尖沙咀的鐘樓是哪年修建的？（1 分）

3. 爲什麼這個鐘樓一定要保留？（1 分）

4. 發展和保育的關系是什麼？（2 分）

六、低碳生活救地球

（一）根據例文 5.6 第一段和第二段的內容，找出與下面的解釋對應的詞語。（5 分）

1. 大家都知道 （　　）
2. 都在注意 （　　）
3. 環保生活 （　　）
4. 病得非常嚴重 （　　）
5. 不能再耽誤了 （　　）

（二）根據例文 5.6 第三段和第四段的內容，從右邊找出最合適的結尾來完成左邊的短句。（5 分）

1. 要實現低碳生活，我們一定要采用　　A. 走路和騎自行車
2. 耗能低的電器產品　　B. 費電
3. 簡單的低碳生活包括　　C. 對環保有很大的幫助
4. 購買電器的時候首先要　　D. 看有沒有能源標簽
5. 待機模式的電視也會　　E. 碳排放低的設備

（三）根據例文 5.6 第五段和第六段的內容，回答下面的問題。

1. 我們日常生活中怎樣可以實現低碳生活？舉出兩個例子。（2 分）

2. 低碳生活的好處是什麼？舉出兩個例子。（2 分）

3. “持之以恒”的意思是什麼？（1 分）

七、城市和鄉村

（一）根據例文 5.7 的內容，把下面的句子按順序排列起來。（5 分）

1. 鄉村寧靜悠閑，非常舒適。
2. 在城市長大的人習慣城市的生活。
3. 在城市長大的人覺得城市裏的繁忙令人興奮。
4. 城市和鄉村非常不一樣。
5. 城市白天黑夜都那麼熱鬧。

（二）根據例文 5.7 的內容，找出與下面的解釋最接近的詞語。（5 分）

1. 距離很近 (　　)
2. 馬路上有很多車 (　　)
3. 雖然是夜晚，但還是像白天一樣熱鬧 (　　)
4. 太陽出來就開始工作，太陽落山就回家休息 (　　)
5. 一切都安靜下來 (　　)

（三）根據例文 5.7 的內容，回答下列問題。

1. “城市是熱鬧的代名詞”是什麽意思？（1 分）

2. “鄉村是安静的代名詞”是什麽意思？(1 分)

3. 生活在城市有什麽快樂？（2 分）

4. 從文章的結尾找出一個形容鄉村的詞語。(1 分)

八、從融合創新菜式到融合文化

（一）根據例文 5.8 的內容，回答下列問題。

1. 全球一體化對飲食有什麽影響？（1 分）

2. 融合創新菜有什麽特點？（2 分）

3. 爲什麽融合創新菜又叫飲食全球一體化？（1 分）

4. 什麽社會現象令融合創新菜式出現了？（1 分）

5. 爲什麽説飲食全球一體化是好事？（2 分）

6. 飲食全球一體化會不會令全世界的食物變得單調？爲什麽？（3 分）

（二）根據例文 5.8 的內容，找出與下面的解釋最接近的詞語。（5 分）

1. 把兩種或多種東西放在一起 （ ）

2. 原因 （ ）

3. 人們從一個國家搬到另一個國家去住 （ ）

4. 意料之外 （ ）

5. 差不多 （ ）

（三）根據例文 5.8 的內容，從下面的句子中找出五個正確的表達。（5 分）

A. 在全球一體化的影響下，飲食方面出現了越來越多的融合創新菜。

B. 廚師根據想象創造出的新菜式就叫融合創新菜。

C. 融合創新菜就是不分國家、完全一樣的菜式。

D. 有了移民才有了融合創新菜。

E. 咖喱魚蛋是香港人的傳統地道小吃。

F. 社會要向前進步就一定要創新。

G. 到別的國家旅行可以學到很多關于其他國家的知識。

H. 融合創新菜式包含很多不同的文化。

I. 文化交流可以促進人與人之間的溝通。

J. 人與人之間的溝通可以產生多元文化。

請把答案寫在這裏：

1.

2.

3.

4.

5.

3. 有很长的历史 (　　)

4. 别的国家 (　　)

5. 比喻没见过世面的人 (　　)

（三）根据例文 5.10 的内容，回答下列问题。

1. 移民的人会把什么带到新的国家？（3 分）

2. 移民对个人的生活经历有什么正面影响？举出两个例子。（2 分）